KÄRNTEN

Reisen mit **Insider Tipps**

> Die Vorzüge Kärntens liegen auf der Hand: großartige Natur, Lebensqualität im Übermaß, zwei Stunden Autofahrt ans Meer …
> *MARCO POLO Autor*
> *Horst L. Ebner*
> (siehe S. 126)

Spezielle News, Lesermeinungen und Angebote zu Kärnten:
www.marcopolo.de/kaernten

KÄRNTEN

> SYMBOLE

Insider Tipp **MARCO POLO INSIDER-TIPPS**
Von unserem Autor für Sie entdeckt

★ **MARCO POLO HIGHLIGHTS**
Alles, was Sie in Kärnten kennen sollten

☼ **SCHÖNE AUSSICHT**

📶 **WLAN-HOTSPOT**

▶▶ **HIER TRIFFT SICH DIE SZENE**

> PREISKATEGORIEN

HOTELS
€€€ ab 110 Euro
€€   80–110 Euro
€   bis 80 Euro
Die Hotelpreise gelten für ein Doppelzimmer mit Frühstück in der Hauptsaison

RESTAURANTS
€€€ ab 17 Euro
€€   10–17 Euro
€   bis 10 Euro
Die Restaurantpreise gelten für ein Hauptgericht ohne Getränke

> KARTEN

[116 A1] Seitenzahlen und Koordinaten für den Reiseatlas Kärnten

Karten von Klagenfurt am Wörthersee, Spittal und Villach finden Sie im hinteren Umschlag

Zu Ihrer Orientierung sind auch die Objekte mit Koordinaten versehen, die nicht im Reiseatlas eingetragen sind

■ DIE BESTEN MARCO POLO INSIDER-TIPPS .... **UMSCHLAG**
■ DIE BESTEN MARCO POLO HIGHLIGHTS **4**

■ AUFTAKT **6**

■ SZENE **12**

■ STICHWORTE **16**
■ EVENTS, FESTE & MEHR **22**
■ ESSEN & TRINKEN **24**
■ EINKAUFEN **28**

■ MITTELKÄRNTEN **30**
■ SÜDKÄRNTEN **54**
■ OBERKÄRNTEN **74**
■ OSTKÄRNTEN **84**

INHALT

> SZENE
S. 12–15: Trends, Entdeckungen, Hotspots! Was wann wo in Kärnten los ist, verrät die MARCO POLO Szeneautorin vor Ort

> 24 STUNDEN
S. 100/101: Action pur und einmalige Erlebnisse in 24 Stunden! MARCO POLO hat für Sie einen außergewöhnlichen Tag in Kärnten zusammengestellt

> LOW BUDGET
Viel erleben für wenig Geld! Wo Sie zu kleinen Preisen etwas Besonderes genießen und tolle Schnäppchen machen können:

Kostenlose Stadtführung durch Klagenfurt S. 40 | Baden im idyllischen Stausee S. 58 | Freier Eintritt zum Heimatherbst S. 82 | Mautfrei über die Klippitztörl S. 88

> GUT ZU WISSEN
A cappella S. 18 | Spezialitäten S. 26 | wasser.reich S. 44 | Musik liegt in der Luft S. 50 | Wulfenia S. 64 | Bücher & Filme S. 72 | Blogs & Podcasts S. 92 | www.marcopolo.de S. 110 | Was kostet wie viel? S. 111 | Wetter in Klagenfurt S. 112

AUF DEM TITEL
Klassik im Stift Ossiach S. 72
Bikerparadies: von Feldkirchen nach Villach S. 98

- ■ **AUSFLÜGE & TOUREN** **96**
- ■ **24 STUNDEN IN KÄRNTEN** **100**
- ■ **SPORT & AKTIVITÄTEN** **102**
- ■ **MIT KINDERN REISEN** **106**

- ■ **PRAKTISCHE HINWEISE** **110**

- ■ **REISEATLAS KÄRNTEN** **114**
- ■ **KARTENLEGENDE REISEATLAS** **122**

- ■ **REGISTER** **124**
- ■ **IMPRESSUM** **125**
- ■ **UNSER AUTOR** **126**

- ■ **BLOSS NICHT!** **128**

2 | 3

ENTDECKEN SIE KÄRNTEN!

Unsere Top 15 führen Sie an die traumhaftesten Orte und zu den spannendsten Sehenswürdigkeiten

Die Highlights sind in der Karte auf dem hinteren Umschlag eingetragen

⭐ Carinthischer Sommer
Im Sommer findet eines der bedeutendsten Musikfestivals Europas statt. Ein schönes Fest für Klassikliebhaber (Seite 23)

⭐ Klagenfurt am Wörthersee
Renaissance in der Altstadt und Spaß am See. Die grüne Landeshauptstadt liegt ganz nah am Wörthersee und ist zugleich Kulturmetropole und das Touristenzentrum Kärntens (Seite 32)

⭐ Magdalensberg
Freigelegte Gebäude der ehemaligen keltisch-römischen Hauptstadt der Provinz Noricum finden sich in der größten archäologischen Ausgrabungsstätte Österreichs (Seite 40)

⭐ Friesach
Authentisches Mittelalter mit Burgen und Stadtgraben (Seite 44)

⭐ Gurk
Der Dom mit dem Grab der Kärntner Landesheiligen Hemma von Gurk in der einzigartigen Krypta (Seite 46)

⭐ Hochosterwitz
Die berühmteste Ritterburg Österreichs ist eine Märchenburg, die niemals erobert worden ist (Seite 46)

⭐ Wörthersee
Kärntens größter Badesee ist das touristische Aushängeschild des Landes (Seite 49)

> DIE BESTEN MARCO POLO HIGHLIGHTS

★ Tscheppaschlucht
Ein wildromantisches Naturdenkmal – an brausenden Wasserfällen entlang wandert man durch die Schlucht (Seite 60)

★ Maria Luggau
Bekannter Wallfahrtsort im malerischen Lesachtal (Seite 62)

★ Villach
Die Faschingshauptstadt Österreichs ist geprägt durch die schöne Altstadt, die mediterrane Leichtigkeit und die Thermen. Hier haben sich schon die alten Römer entspannt (Seite 64)

★ Großglockner-Hochalpenstraße
Die höchsten Gipfel des Landes zum Greifen nah (Seite 79)

★ Millstatt und Millstätter See
Schwimmen, tauchen, surfen, planschen im und auf dem klaren Wasser des Badesees (Seite 80)

★ Nationalpark Nockberge
Eine Panoramastraße führt durch die grünen Inseln im steinernen Meer (Seite 81)

★ Obir-Tropfsteinhöhlen
Spannender Streifzug durch die Höhlenlandschaft bei Bad Eisenkappel (Seite 87)

★ St. Paul im Lavanttal
Prachtvolle Fresken und kostbare Kunst sind im Benediktinerstift zu bewundern (Seite 94)

4 | 5

WAS FÜR EINE REGION!

Techendorf am Weißensee

> Nicht von ungefähr ist Kärnten das Lieblingsferienland der Österreicher. Die Mischung macht es: zwischen Tradition und Moderne, zwischen südlichem Charme und älplerischer Kratzbürstigkeit, zwischen See und Berg. Schon immer war das Land im Süden Österreichs ein Sonderfall, mit vielen Eigenheiten und vielleicht auch Eigenartigkeiten: Die Natur ist die Sanfteste, das Klima das Mediterranste, die Menschen sind die Lebenslustigsten, die politischen Verhältnisse die Fragwürdigsten. Aber zusammengenommen ist Kärnten ein Paradeurlaubsland mit einem nahezu unüberschaubaren Angebot für alle Altersklassen.

> Wunderbare Landschaften und ein Klima wie in Italien: Diese Kombination zeichnet Kärnten aus. Das südlichste Bundesland Österreichs ist von Bergen eingeschlossen. Im Norden sind es die über 3000 m Hohen Tauern mit dem höchsten Berg Österreichs, dem Großglockner (3798 m), weiter Richtung Osten die Gurktaler Alpen und die Nockberge.

Karg wie die Böden ist auch das Dasein der Bergbauern des Mölltales, des Oberen Drautales und des Lesachtales. Auch der vor einigen Jahrzehnten aufkeimende Tourismus brachte dort nur einen bescheidenen Wohlstand. Die Saualpe und die Koralpe – bei Wanderern und Skifahrern beliebt – bilden die Ostgrenze, dazwischen liegt das Lavanttal. Die mächtigen Karawanken im Südosten grenzen Kärnten gegen Slowenien ab, die Karnischen Alpen längs der Grenze zu Italien und die Lienzer Dolomiten schließen den Kreis. Diese Lage lässt ein angenehmes Klima entstehen: Der Alpenkamm schützt Kärnten vor den Kaltfronten des Nordens. Die warmen Fronten aus dem Süden dagegen greifen auch auf Kärnten über. Schon im Frühsommer erwärmen sich die mehr als 200 Badeseen Kärntens auf Temperaturen über 20 Grad.

See ist in Kärnten ein Schlüsselwort. Man ist stolz auf die zahlreichen Seen, die zum Schwimmen, Fischen, Segeln oder einfach nur zum Genießen ein-

> *Ein angenehmes Klima – ähnlich dem Oberitaliens*

laden. „Gehn wir zum See" ist ein Synonym für Entspannung: ob schwimmend im Sommer oder eislaufend im Winter oder rundherum spazierend übers ganze Jahr. Dass man in Kärnten ein Bohei um die Seen macht, hat aber nicht nur sportliche Gründe. In den 1960er-Jahren drohten Wörther-, Ossiacher und

Lesachtal – harte Arbeit vor einer einmaligen Urlaubskulisse

AUFTAKT

Millstätter See in einer von Abwässern genährten Algenplage zu einer stinkenden Brühe zu werden. Unter erheblichem finanziellem Aufwand wurden Ringkanalisationen gebaut. Seitdem haben die Seen Trinkwasserqualität. Wegen der hervorragenden Wasserqualität der Kärntner Flüsse und Seen gibt es auch viele Fischer im Land. Und es ist durchaus üblich, dass sich Urlauber den Fisch für das Abendessen selbst fangen.

Geografisch ist das knapp 10 000 km² große Kärnten in viele kleine und größere Täler gegliedert. Im Landesinneren schaffen Berge, Täler und Seen eine einmalige Urlaubslandschaft, die sowohl Wanderern und Skiläufern als auch allen Wassersportlern unterschiedlichste Betätigungen erlaubt. Man kann sich beschaulich in einem abgeschiedenen Bergdorf mit den Kräutern der Umgebung vertraut machen, in einem der vielen Seen einfach nur schwimmen, auf ihm surfen oder am Fallschirm hängend über ihn hinweggleiten.

Was das Wandern betrifft, so lässt Kärnten keinen Wunsch offen. Entlang lieblicher Flussauen, durch Wälder und über sanfte Hügel oder auf dem Rücken des Hochgebirges: Überall gibt es gut markierte und beschilderte Wanderwege. Vom kleinen Ausflug bis zur mehrtägigen Wandertour ist alles möglich.

In den letzten Jahren ist eine weitere Attraktion dazugekommen: Das Kärntner Radwegenetz wurde groß-

> **Die Kärntner Badeseen haben Trinkwasserqualität**

zügig ausgebaut. So führt beispielsweise ein Radweg an der Drau entlang quer durch Kärnten. Rund um den Wörthersee können Sie auf Radwegen – teilweise neben der Straße – von Ort zu Ort radeln. Im Gailtal gibt es einen 150 km langen Fahrradweg.

Die intakte Natur ist das wichtigste Kapital des Fremdenverkehrs. Bereits in den 1980er-Jahren begann man mit der Einrichtung von Schutzzonen für Landschaft und Tierwelt, den Nationalparks. In Kärnten sind es der Nationalpark Hohe Tauern und die Nockberge. Sie dürfen erwandert werden, eine touristische Erschließung mit Hotels, Skiliften und Ähnlichem ist dagegen nicht gestattet.

Neben dem Tourismus haben sich in den letzten Jahren in Kärnten vor allem die Mikroelektronik und ihre Zu-

WAS WAR WANN?

Geschichtstabelle

Ca. 30 000 v. Chr. Altsteinzeitliche Besiedlung (Höhlenfunde im Griffner Berg)

200 v. Chr. Kelten besiedeln Kärnten, Königreich Noricum

15 v. Chr.– 45 n. Chr. Noricum wird römische Provinz

6. Jh. Slawische Stämme begründen das karantanische Fürstentum

8. Jh. Christianisierung

811 Karl der Große gliedert Karantanien seinem Reich an

976 Kärnten wird selbstständiges Reichsherzogtum

1797–1813 Napoleon besetzt das Land

1849 Erster frei gewählter Kärntner Landtag

1918 Ende der Donaumonarchie, Kärnten tritt der Republik Österreich bei, Abwehrkampf gegen jugoslawische Truppen in Südkärnten

1920 Volksabstimmung: Südkärnten verbleibt bei Österreich

1938 Machtübernahme der Nationalsozialisten; „Anschluss" Österreichs an Deutsches Reich

1945–1955 Kärnten unter britischer Besatzung; 15. Mai 1955: Staatsvertrag schreibt Neutralität Österreichs fest

1972 Deutschnationale Kärntner verwüsten zweisprachige Ortstafeln in Südkärnten

1999 Gemeinsam mit Slowenien und Friaul-Julisch-Venetien bewirbt sich Kärnten um die Olympischen Winterspiele 2006 – ohne Erfolg

2004 Kärntens Nachbarland Slowenien tritt der EU bei

lieferbetriebe stark entwickelt. Das Zentrum ist Villach, wo im Infineon-Werk, Kärntens größtem privatem Arbeitgeber, vor allem Elektronik für Autos entwickelt wird; jeder dritte Airbag weltweit funktioniert mit einem Mikrochip aus Kärnten. Im „Lake-Side-Softwarepark" in Klagenfurt haben sich weitere Elektronik- und Computerfirmen angesiedelt.

Um Kärnten und die Kärntner zu verstehen, muss man über ihre Geschichte Bescheid wissen. Bereits um das Jahr 700 wurde das Gebiet zwischen den Karawanken und dem Alpenhauptkamm von einem Geografen aus Ravenna mit dem Namen „Carantani" benannt. Somit war Kärnten schon Bestandteil der Geschichte, als von Österreich oder einem Deutschen Reich noch keine Rede war. Stolz sind die Kärntner aber auch auf die Vielfalt ihres Landes. Kärnten bildete zwei Jahrtausende lang ein Schmelztiegel der Kulturen und Völker.

Früher waren vor allem zwei Wirtschaftszweige für das Land bestimmend: Landwirtschaft und Bergbau. Die neun Prozent der 560 000 Kärntner, die heute noch in der Landwirtschaft tätig sind, versorgen das ganze Land mit ihren Produkten. Dabei erwirtschaften sie gerade halb so viel wie der Tourismus, nämlich gut drei Prozent des Bruttoinlandprodukts. Ihre Funktion für die Pflege der Berglandschaft ist mittlerweile fast noch wichtiger als die landwirtschaftliche Produktion.

Noch stärker als die Landwirtschaft hat der Bergbau seine ursprüngliche

AUFTAKT

Bedeutung verloren. Viele Ortsnamen zeugen noch von der Bergbauvergangenheit des Landes: Knappenberg, Hüttenberg, Bleiburg, Bad Eisenkappel.

Durch den Niedergang des Edelmetallbergbaus im 16. und 17. Jh. wurde

In jüngerer Vergangenheit ist Kärnten weltweit in das Blickfeld politischer Beobachter gerückt: Von 1999 an war der im Oktober 2008 tödlich verunglückte Rechtspopulist Jörg Haider Landeshauptmann (Ministerpräsident) von Kärnten. Sein

Wanderland Kärnten: schöne Aussichten für Aufsteiger

das Land arm. Eine Auswirkung zeigt sich in den Kirchen: Während in anderen Gegenden viele Kirchen mit großem Aufwand barockisiert wurden,

> *Ein Miteinander von Mensch und Natur*

hielt sich in Kärnten die romanische und gotische Bausubstanz. Deshalb findet man in vielen Kärntner Kirchen auch noch gotische Flügelaltäre.

Aufstieg hat europaweit für viele Diskussionen gesorgt – zuletzt, als Haider bei der Nationalratswahl im September 2008 mit seiner Parteineugründung BZÖ (Bündnis Zukunft Österreich) fast 11 Prozent der Stimmen holte.

Die Gastfreundschaft der Kärntnerinnen und Kärntner hat sich durch die politische Entwicklung jedoch nicht verändert – davon kann sich jeder Gast selbst ein Bild machen.

▶▶ TREND GUIDE KÄRNTEN
Die heißesten Entdeckungen und Hotspots! Unser Szene-Scout zeigt Ihnen, was angesagt ist

Marina-Anna Virgolini
Die Klagenfurterin ist die schillerndste Ikone der Kärntner Undergroundszene und setzt immer wieder musikalische Akzente. Als Clubmanagerin der alternativen Location ((stereo)) holt sie regelmäßig internationale Bands in die Region. Unser Szene-Scout kennt jedoch nicht nur die neuesten Musiktrends, sondern ist auch am Puls der Zeit, was Nightlife, Kunst und Sport angeht.

▶▶ BIKEN UNTER TAG

Ab in den Stollen!

Die Region erfindet zwar nicht das Rad, dafür aber die Richtung neu. Statt rauf auf den Berg geht es mit dem Bike tief unter die Erde. Genauer gesagt in das ausgelassene Bergwerk in der Petzen an der Grenze zu Slowenien. In schmalen Tunneln fährt man vorbei an seltenen Gesteinsformationen und abenteuerlichen Felsvorsprüngen. Stollentouren inklusive Hin- und Rücktransfer, Bike, Helm und Grubenlampe organisiert das *Sportcenter Klopeiner See* (*Ostuferstr. 9, St. Kanzian, www.stollenbiken.at,* Foto). Eine echte Herausforderung ist auch die Route über den Ranjaksattel, den Bergwerkstollen und den Luschasattel, bei der 1200 Höhenmeter überwunden werden. Ungebundener geht's bei einer Radtour auf eigene Faust zu. Alles Nötige dafür hat der *Fahrradstadl Willi Puschl* (*Klopeiner See Str. 13, Unterburg*).

SZENE

▶▶ DIE BESTEN DER BESTEN

Show-Barkeeping

Flaschen, Eiswürfel und Shaker wirbeln durch die Luft – it's Showtime! Wenn die besten Cocktailmixer ihre Künste präsentieren, kommt man aus dem Staunen nicht mehr heraus. Das Motto der Keeper: je wilder und innovativer, desto besser. Allen voran Peter Herritsch. Er nahm bereits an mehreren internationalen Wettbewerben teil und brachte das Show-Barkeeping nach Kärnten. Auch der erste ausgezeichnete Cocktailmixer stammt aus der Region: Rainer Husar betreibt eine eigene Bar in Pörtschach und stellt dort sein Können unter Beweis *(Café Moser Verdino, Domgasse 2, Klagenfurt, www.moserverdino.at)*. Dass Zutaten die Qualität eines Cocktails bestimmen, steht für Armin Krautzer, Barchef im *Lecabaret (im Casino Velden, Am Corso 17, Velden, www.lecabaret.at)*, außer Frage. Vielleicht war es dieses Wissen, das ihm den Titel „Barman of the Year" eingebracht hat. Einen Eindruck vom Show-Barkeeping gibt's im *Le Passage (Palais Egger Helldorff, Herrengasse 12, Klagenfurt, www.lepassage.at)*.

▶▶ GENIAL ANDERS

Abstraktes in Sachen Kunst

Kärnten entwickelt sich zum Kreativpool für Künstler, die sich der Moderne verschrieben haben. Die Entwicklung des St. Veiter Malers Karl Mayer tendiert seit Neuestem in Richtung abstrakte Malerei. Eine Plattform für alternative Künstler bieten die Galerie *MA-Villach (Hans-Gasser-Platz 6b, www.ma-villach.com)* und die *Foyergalerie* (Foto) der Alpen-Adria-Universität. Außerdem werden im *Kulturverein Warmbad-Villach (Auenweg 126, Warmbad-Villach, www.warmbad.at)* und beim *Kulturwirt zum Mohren (Bad Bleiberg 91, Bad Bleiberg, www.zum-mohren.at)* Kurse und Vernissagen abgehalten.

▶▶ NEUE ARCHITEKTUR

Überraschend anders

Die Architekturszene mischt die Region mit viel Design auf. Einer der Hauptgründe dafür: der geistige Austausch innerhalb der Branche. Vorträge, Workshops und Veranstaltungen wie der *Kärntner Architekturherbst*, der vom *Haus der Architektur (St. Veiter Ring 10, Klagenfurt, www.architektur-kaernten.at)* organisiert wird, sind nicht nur Publikumsmagnete, sondern regen zu neuen Ideen an. So entstand auch das Projekt *Badehütte am Weißensee (Techendorf, Weißensee, Foto)*. Architekt Peter Jungmann versucht dabei, die Form des Gebäudes so weit zurückzunehmen, dass sie als Teil der Natur erscheint. Ebenso innovativ wie beeindruckend ist Karlheinz Winklers *Wörtherseeapotheke (Villacher Str. 29, Velden)*. Außen streng – innen transparent: Stahl und Glas bestimmen das Bild und lassen den Betrachter nicht vermuten, dass sich hinter der kleinen Fassade ein Raumwunder verbirgt.

▶▶ ALLES, NUR NICHT NORMAL

Funky Nachwuchsbands

Kärntens Jungmusiker sind groß im Kommen. In einen Topf werfen lassen sich die kreativen Eigenbrötler aber nicht. Ihr Markenzeichen: musikalische Vielfalt abseits vom Mainstream. Groovige, wagemutige Sounds mit selbst- und gesellschaftskritischen Texten gibt's von *inina gap (www.ininagap.com)* oder *Bionic Babies (www.bionicbabies.net, Foto)*. Die Band *Sentimentalistic Bitches (www.sentimentalistic-bitches.at.tf)* stammt aus Villach und stellte bereits auf dem Festival des Klagenfurter Clubs *((stereo))* ihr Können unter Beweis. Der Club *(Viktringerring 39, www.stereoclub.at)* hat es sich zur Aufgabe gemacht, neue Trends aufzuspüren und Nachwuchsbands der Region eine Plattform zu bieten. Zur Umsetzung dieses Vorhabens setzen die Initiatoren auf viel Abwechslung und Aktionen wie den Bandwettbewerb *Local Heroes*.

SZENE

▶▶ ENGAGIERT

Kärnten packt an!

Wenn es um Tiere und Landschaften geht, engagiert man sich in Kärnten besonders! Das wiederentdeckte Bewusstsein für die eigene Region führte auch zum ersten Fledermaushaus, das in Freistritz an der Gail eingerichtet wurde *(www.fledermausschutz.at)*, inklusive Forschungscamp und einer Koordinationsstelle zum Fledermausschutz. Andere Projekte widmen sich den für die Region typischen Narzissenwiesen *(www.arge-naturschutz.at)*. Learning by Doing ist das Motto der *wwoofs (Willing Workers On Organic Farms)*. Durch das Leben und die Arbeit auf einem Biobauernhof sieht man Flora und Fauna aus einem ganz neuen Blickwinkel *(www.wwoof.at)*.

▶▶ PRIVATE SHOPPING

Einkaufen nach Ladenschluss

Shoppen ohne Trubel und Stress? Im Alltag nicht vorstellbar – in Kärnten der Szenetrend schlechthin. Anmeldung genügt, um die edlen Boutiquen und Designerläden nach Ladenschluss ganz für sich alleine zu haben oder sich bei einer privaten Modenschau nach Anfrage entspannt die schicksten Outfits herauszupicken. Möglich wird dieser Traum u.a. bei *Wöss (Moritzstr. 2 und Maiplatz 4, Villach oder Europaplatz 3, Velden)*, *Stiefelkönig* in Klagenfurt *(Neuer Platz 7, Klagenfurt)* oder *Grüner (Burggasse 15–17, Klagenfurt, Foto)*.

▶▶ SZENEMAGNET WASSER

Die neuen In-Locations

Seen avancieren zum Anziehungspunkt für Partypeople. Place-to-be am Wörthersee ist die Strandbar *Lakeside (Süduferstr. 104c, Reifnitz, www.effective.at)*. Die Lounge der *Villa Lido* in Klagenfurt *(Friedelstrand 1, www.villalido.at, Foto)* überzeugt durch mediterrane Atmosphäre und eine „Sunset"-Bucht mit Blick übers türkisblaue Wasser – Chill-out-Effekt garantiert! Feierlaune regiert auf der Feuerinsel im Millstätter See *(www.kaerntenkult.at)*. Zur Partymusik tanzen oder die Füße in den Sand stecken am *KAP-4613*, der hauseigenen Strandbar.

Bild: Festspiele in Wörth

> VOM BACHMANNPREIS BIS ZUM UMWELTSCHUTZ

Wissenswertes über Kultur, Brauchtum, Geschichte und Politik

BACHMANNPREIS

Neben den Schriftstellern Peter Handke, Peter Turrini und Josef Winkler ist Ingeborg Bachmann wohl die bekannteste Dichterin Kärntens. Sie wurde 1926 in Klagenfurt geboren, wo sie auch ihre Jugend verbrachte. Bachmann entwickelte ein sehr kritisches Verhältnis zu ihrer Heimat Kärnten. Die Romane „Der Fall Franza" und „Malina" wurden verfilmt. Ingeborg Bachmann starb 1973 an den Folgen eines Brandunfalls in Rom. Ihr zu Ehren finden seit 1977 in Klagenfurt Ende Juni die internationalen Tage der deutschsprachigen Literatur statt, in deren Rahmen der Bachmannpreis verliehen wird. Zu diesem Wettlesen kommen Autoren aus dem gesamten deutschen Sprachraum. Die Lesungen im ORF-Theater sind öffentlich zugänglich und werden vom Fernsehsender 3-sat übertragen.

STICH WORTE

EVENTLAND KÄRNTEN

Beachvolleyball-Grand-Slam, Ironman-Triathlon oder Starnacht am Wörthersee: Mit Veranstaltungen wie diesen versucht sich Kärnten in den letzten Jahren als Eventland zu positionieren. Davon erhoffen sich die Touristiker internationale Bekanntheit und mehr Gäste. Kritiker sehen die Veranstaltungen vor allem als Bühne für die heimische (Polit-) Prominenz. Den Urlaubern kann das nur recht sein – im Sommer ist immer etwas los, fast jeden Tag gibt es irgendwo ein Event.

KULTUR

Wenngleich Kärnten sich nicht mit Kulturmetropolen wie Wien messen kann, gibt es durchaus eine rege kulturelle Szene. Das Stadttheater Klagenfurt hat sich über die Grenzen Kärntens hinweg einen Namen gemacht. Im Juli und August regiert auf vielen Sommerbühnen die leichte Muse. Die bekanntesten Aufführungen sind die Komödienspiele im Schloss Porcia in Spittal an der Drau, die Burghofspiele in Friesach und das Theater im Stift Eberndorf in Unterkärnten. Mit dem Carinthischen Sommer in Ossiach und Villach kann Kärnten ein Musikfestival von internationalem Rang vorweisen. Kleiner, aber ebenfalls hochkarätig sind die Musikwochen in Millstatt oder das Musikforum im Stift Viktring bei Klagenfurt. Nicht gerade hochkarätig, sondern eher populär präsentieren sich die „Wörthersee-Festspiele" auf der Seebühne in Klagenfurt. Hier führen Tourneetruppen vorzugsweise Musicals auf. Großgeschrieben wird in Kärnten nicht zuletzt die Volkskultur: In vielen Orten und Tälern pflegen die lokalen Trachtengruppen das alte Brauchtum bei Festen.

NÖTSCHER KREIS

Im Gailtal bildete sich zwischen den Weltkriegen der sogenannte Nötscher Kreis, der den Ort Nötsch zum Zentrum der modernen österreichischen Malerei machte. Die Künstler Anton Kolig und Franz Wiegele waren die Stammväter dieses Kreises. Wegen des Kärntner Lichts kamen aber auch andere Künstler ins Land, um sich hier niederzulassen und zu malen, unter anderem Anton Mahringer, Werner Berg und Giselbert Hoke. Nach dem Zweiten Weltkrieg wurde Kärnten für die österreichische und internationale Kunst wieder zu einem wichtigen Zulieferland. Hans Bischoffshausen, Hans Staudacher, Maria Lassnig, Cornelius Kolig sind nur einige wenige Namen.

ORDEN

Das älteste noch erhaltene Stift ist jenes in St. Georgen am Längsee, mit dessen Bau von den Benediktinern um 1000 begonnen wurde. Der Bene-

A CAPPELLA
Kärnten ist ein Land der Chöre

Kommen zwei Kärntner zusammen, gründen sie einen Gesangverein, heißt es über die Sangeslust der Kärntner. Der „Grenzlandchor Arnoldstein" beispielsweise ist seit Jahren musikalischer Botschafter dieser Region. Das „Kärntnerlied" steht für unverfälschtes Brauchtum und gelebte Tradition – weiche, große Melodiebögen, die zum „Zuawesingen" (Dazusingen) geradezu verführen. Wenn man zur rechten Zeit am rechten Ort ist oder im richtigen Wirtshaus ist, kann es einem schon passieren, dass plötzlich eine Runde einfach so zu singen beginnt – und man wird verblüfft sein, wie lebendig alte Volkslieder auch von jungen Menschen gepflegt werden. Im Sommer gibt es im ganzen Land Liederabende, bei denen große und kleine Gesangvereine ihr Können unter Beweis stellen – kein volkstümelndes Humtata.

STICHWORTE

Das Kloster St. Paul im Lavanttal wurde von den Benediktinern gegründet

diktinerorden war die wichtigste Mönchsgemeinschaft für Kärnten. Der Orden erbaute die Klöster von Ossiach (1028), Millstatt (1060), Arnoldstein (1107) – heute eine Ruine – und St. Paul im Lavanttal (1091). Diese Klöster waren wie die später gegründeten in Gurk, Viktring, Griffen und Maria Saal Zentren der Glaubenslehre und über viele Hundert Jahre auch der Bildung und Wissenschaft. Im Jahr 1782 ließ der österreichische Kaiser Joseph II. alle Klöster aufheben. Nur das Stift in St. Paul wurde 1808 wieder eingerichtet. Benediktinermönche aus dem Schwarzwald besiedelten das Kloster und brachten zahlreiche Kunstschätze und wertvolle Bücher mit.

SAGEN

Kein markanter Felsen, keine verfallene Burg, kein See, um den sich in Kärnten nicht eine Sage ranken würde. Da taucht der Teufel in vielen Gestalten auf; lichte Gestalten – von den Bewohnern des Mölltals und des Drautals salige Frauen genannt – entsteigen dem Weißensee, und eigentümliche Schatzsucher, die Venedigermandln, räumen Gold aus den Bergen des Gailtales. Manche Sagen erklären mit naivem Geisterglauben Entstehungsgeschichten von Tälern und Landstrichen, andere deuten voll religiöser Verklärtheit unbegreifliche Ereignisse. Ein Körnchen Wahrheit steckt in jeder Sage, davon ist man in Kärnten überzeugt. Und so mag man auch nicht anzweifeln, dass die sagenhaft schaurige Gräfin Salamanca Nächtens durch das Schloss Porcia in Spittal an der Drau zieht.

SLOWENEN

Lange bevor in Kärnten Deutsch gesprochen wurde, war das Land

18 | 19

ein Teil des Slawenreiches des Königs Samo. Als die Baiern die Oberherrschaft gewannen, wurden die Slawen immer weiter zurückgedrängt. Vor allem in den Gegenden südlich der Drau hat sich jedoch bis heute eine slowenische Minderheit (rund 14 000 Mitglieder) gehalten. Ohne die Stimmen vieler Kärntner Slowenen, die sich 1920 bei der Volksabstimmung gegen eine Angliederung an Jugoslawien und für einen Verbleib bei Österreich aussprachen, wäre Kärnten um einiges kleiner geworden. Die slowenische Volksgruppe wurde im Zweiten Weltkrieg verfolgt: Viele ihrer Mitglieder wurden ausgesiedelt oder in Konzentrationslager deportiert. Sie entsprachen nicht dem arischen Rassenideal, aber auch ihre traditionellen politischen Lager, ein katholisch christliches und ein eher links orientiertes, passten nicht in das Politschema des Nationalsozialismus. Im Staatsvertrag von 1955 wurde den Slowenen eine Reihe von Rechten eingeräumt, vor allem die Einrichtung zweisprachiger Schulen und Ortsschilder. Die Ortsschilder waren lange ein Streitpunkt: Im sogenannten Ortstafelsturm wurden sie 1972 von deutschnationalen Radikalen zerstört. Im Jahr 2006 stand man zunächst kurz vor einer endgültigen Lösung im Ortstafelstreit. Aber im Zuge der Nationalratswahl wurde der zwischen Slowenenvertretern und Heimatverbänden erzielte Kompromiss aus wahltaktischen Gründen wieder gekippt. Mittlerweile hat sich das Zusammenleben der Volksgruppen in Kärnten allerdings stark verbessert – unter anderem durch das grenzübergreifende Zusammenrücken der Regionen Kärnten, Slowenien und Friaul-Julisch-Venetien bei der gemeinsamen Bewerbung für die Olympischen Winterspiele 2006.

Umweltschutz ist ein Dauerthema in einem Land, dessen größter Trumpf die intakte Natur ist

STICHWORTE

SPORTLER

Kärnten bietet durch seine vielgestaltige Landschaft ideale Trainingsmöglichkeiten für Sportler. Kaum verwunderlich also, dass einige große Sieger aus Kärnten kommen: Der Abfahrtsolympiasieger von 1976, Franz Klammer, ist heute Werbeträger für Kärnten, 2002 holte der Kärntner Fritz Strobl Gold in der olympischen Skiabfahrt. Der Slalom-Weltcupsieger 2004 Rainer Schönfelder kommt aus Bleiburg. Dr. Karl Schnabl, heute Sportarzt in Klagenfurt, flog bei den Olympischen Winterspielen 1976 auf den Sprungskiern zum Sieg. Und Österreichs „Laufgräfin" Stephanie Graf ist in Völkermarkt daheim – sie gewann bei den Spielen 2000 in Sydney olympisches Silber.

STATISTIK

Kärnten umfasst rund 9500 km², auf denen gut 550 000 Ew. leben. Die größten Städte sind die Landeshauptstadt Klagenfurt (90 000 Ew.) und Villach (55 000 Ew.). Zählt man die Gebirgsseen dazu, gibt es in Kärnten 1270 Seen. Die größten und bedeutendsten Badeseen: Wörthersee (19,4 km²), Millstätter See (13,3 km²), Ossiacher See (10,8 km²), Weißensee (6,5 km²), Faaker See (2,2 km²), Keutschacher See (1,3 km²) und Klopeiner See (1,1 km²).

TRACHTEN

Fast in jedem Tal gibt es eine eigene Tracht. Die Frauen tragen ein Dirndl, bestehend aus einer Bluse, einem knie- oder bodenlangen Rock, einer Schürze und manchmal auch Tüchern. Reiche Bürgersfrauen gaben einst zusätzlich durch Goldhaubenhüte ihrem Wohlstand Ausdruck. Ansonsten unterscheiden sich die Frauentrachten durch die Farben. Die klassische Tracht der Männer besteht aus einem Lang- oder Kurzrock, einer ärmellosen, roten Weste, schwarzen Kniebundhosen und farbigen Strümpfen. Seit einiger Zeit gibt es auch den Kärntner Anzug, einen aus braunem Tuch gefertigten Anzug mit grünen Verzierungen.

UMWELTSCHUTZ

Auch in Kärnten ist in den letzten Jahren der Umweltschutz zu einem Dauerthema geworden. In Kärnten weiß man, dass es vor allem die wunderbare Natur ist, die Besucher in das Land lockt. Der Tourismus erweist sich dabei als zweischneidiges Schwert, denn er verlangt auch Infrastruktur wie Skilifte und andere Freizeiteinrichtungen, die häufig alles andere als umweltverträglich sind. Wenn es um neue Projekte geht, kommt es immer wieder zu Diskussionen mit Umweltschützern; umgekehrt geht aber auch die Landespolitik zunehmend behutsam bei der Erschließung von Gebieten für den Tourismus vor. Die Kärntner Trinkwasserquellen sollen künftig von einer Landesholding unter Schutz gestellt werden, auch um einen Ausverkauf ins Ausland zu verhindern. Die größte umweltpolitische Weichenstellung nahm Kärnten in den 1970er-Jahren mit der Ringkanalisation rund um Kärntens Seen vor. Seit damals haben fast alle Kärntner Seen Trinkwasserqualität.

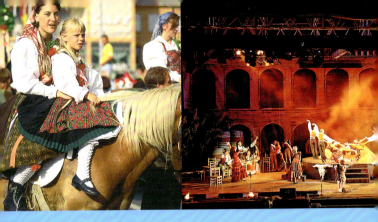

FASCHING UND MUSIKFESTIVALS
Brauchtum und Kultur – die Kärntner feiern gern und ausgiebig

> Feste zu feiern ist in Kärnten ein wichtiger Bestandteil des öffentlichen Lebens. Auch in noch so kleinen Dörfern steht vor allem während der Sommermonate ein Kirchtag oder Feuerwehrfest auf dem Programm. Viele Feste orientieren sich am Brauchtumskalender. Bekannt ist Kärnten auch als österreichische Faschingshochburg. In Kärnten finden aber auch international anerkannte Musikfestivals statt. Ein Blick in die Tageszeitungen oder ins Internet (www.kaernten.at, www.kulturchannel.at) verschafft einen Überblick über Veranstaltungsorte und -zeiten.

OFFIZIELLE FEIERTAGE

1. Januar Neujahr; **6. Januar** Dreikönigstag; **Ostersonntag; Ostermontag; 1. Mai** Tag der Arbeit; **Christi Himmelfahrt; Pfingstsonntag; Pfingstmontag; Fronleichnam; 15. August** Mariä Himmelfahrt; **26. Oktober** Nationalfeiertag; **1. November** Allerheiligen; **8. Dezember** Mariä Empfängnis; **25./26. Dezember** Weihnachten

FESTE UND FESTIVALS

Februar
Der *Narrenumzug* am Faschingssamstag in Villach ist der längste und ausgelassenste Österreichs.

März/April
Am Karsamstag werden im Lavanttal Hunderte *Osterfeuer* entzündet.
Am zweiten Freitag nach Ostern marschieren beim *Vierbergelauf* Tausende Wallfahrer vom Magdalensberg aus über die vier heiligen Berge des Landes.

Mai
Beim *Kranzlreiten* am Pfingstmontag reiten die Burschen in Weitensfeld um den Kuss der steinernen Jungfrau.
Beim *Kufenstechen* im Gailtal versuchen junge Reiter zu Pfingsten, die Kufe (ein Fass) zu zerschlagen.

Juni
Das *Gailtaler Speckfest* Anfang des Monats ist ein großes Volksfest rund um diese kulinarische Spezialität.

Aktuelle Events weltweit auf www.marcopolo.de/events

> EVENTS
FESTE & MEHR

Tage der deutschsprachigen Literatur: Ende des Monats das große Wettlesen in Klagenfurt zu Ehren der Schriftstellerin Ingeborg Bachmann *(http://bachmannpreis.eu/de).*

Juli/August
Konzerte von internationalem Rang in Ossiach und Villach im Rahmen des ⭐ *Carinthischen Sommers (www.carinthischersommer.at).*
Bei den *Burghofspielen Friesach* (www.friesach.at) zeigt eine engagierte Laientruppe klassische Komödien. Unterhaltsames Sommertheater im Spittaler Renaissanceschloss bieten die *Komödienspiele Porcia.*
Auf der Wörthersee-Bühne in Klagenfurt gibt es *Musicals,* über deren Qualität sich streiten lässt. Unumstritten sind hingegen die Theateraufführungen der *Gruppe Klas* auf der Heunburg bei Völkermarkt. Klassik, Kabarett und Pop in der Freiluftarena der Burgarena bieten die *Finkensteiner Burgfestspiele (www.burgarena.at).*

Im Juli treffen sich beim Marmorsteinbruch in ▶▶ Krastal Bildhauer aus aller Welt beim Kunstwerk Krastal, um gemeinsam an Skulpturen zu arbeiten. In der *Freiluftwerkstatt* kann man den Meistern zuschauen.

Insider Tipp

August
200 000 Besucher kommen zu Österreichs größtem Brauchtumsfest, dem *Villacher Kirchtag* mit Trachtengruppen, Tanz, Musik, Essen und Trinken Anfang August.

September
Was Daytona für die USA, ist der Faaker See für Europa: Kult für Tausende Motorradfahrer, die hier zum ▶▶ *Harley-Davidson-Treffen* zusammenkommen.

Dezember
Um den 5. Dezember ziehen die Perchten – wilde Gestalten mit Fellen und geschnitzten Masken – beim *Krampusumzug* durch die Straßen vieler Kärntner Orte.

22 | 23

> ZWISCHEN KASNUDEL UND BRETTLJAUSE

Die Kärntner Küche ist eine wohlschmeckende Mischung aus österreichischer, friulanischer und slowenischer Kochkunst

> Dass Kärnten am Schnittpunkt dreier Kulturen liegt, zeigt auch ein Blick in die heimischen Kochtöpfe: Das Kärntner Nationalgericht, die Kasnudel, ist den italienischen Ravioli gar nicht so unähnlich. Beides sind Teigtaschen, meist mit Topfen (Quark) und Kräutern, aber auch mit Kartoffeln, Fleisch oder süßen Birnen gefüllt. Und der Reindling, der Kärntner Festtagskuchen, ist der Zwilling der slowenischen *gibanica* aus Hefe. Da wundert es kaum, dass viele Kärntner Wirte gute Kontakte zu ihren Kollegen in den Nachbarländern pflegen und auch untereinander Rezepte austauschen. So verbindet sich die traditionell eher deftige Kärntner Küche mit der mediterranen Leichtigkeit der Nachbarländer zu einer köstlichen Alpen-Adria-Mischung.

Natürlich gibt es in Kärnten einige Spitzenrestaurants, die keinen internationalen Vergleich zu scheuen brauchen, etwa die mit Hauben vom Res-

> *www.marcopolo.de/kaernten*

ESSEN & TRINKEN

taurantführer Gault Millau Österreich *(www.gaultmillau.at)* ausgezeichneten. Aber auch Kärntens traditionelle Wirtshäuser haben in den letzten Jahren ein neues Selbstbewusstsein entwickelt. Dahinter steht das Bemühen, leichtere, modernisierte Varianten der eher deftigen Kärntner *Schmankalan* zu kochen und dabei Produkte des eigenen Landes zu verwenden. Denn die gibt es in hoher Qualität: Forellen und Saiblinge aus den glasklaren Seen und Flüssen, Lammfleisch von Bergbauernhöfen, Spargel aus dem Lavanttal.

220 traditionelle Kärntner Wirtshäuser haben sich zu einem Verein zusammengeschlossen; sie geben einen *Wirtshausführer* heraus *(Tel. 04 63/586 86 14 | www.wirtshaus. com)*. Für besondere Qualität und regionale Angebotsschwerpunkte steht die Gruppe der *Kärntner Spargelwirte (www.spargelwirte.at)*, die au-

24 | 25

ßer den namengebenden Stangen im Herbst Kürbisgerichte und im November Martinigans auftischen.

„Gemma jausnan" ist in Kärnten die Aufforderung, ein Jausengasthaus oder eine Buschenschenke zu besuchen. So heißen die bäuerlichen Gaststuben, die nur auftischen dürfen, was am eigenen Hof erzeugt wird. Zu einer echten *Brettljause* gehören Käse, Speck, Würste und knuspriges Brot. Sie können ruhig fragen, was alles auf dem Brettl drauf ist – das Angebot variiert von Betrieb zu Betrieb. Auch kleine Sonderwünsche sind kein Problem.

> SPEZIALITÄTEN
Genießen Sie die typisch Kärntner Küche!

Dampfnudel – ein luftiger Kloß aus Hefeteig, der mit *Grant'schleck* (Preiselbeersahne) oder Aprikosenmarmelade serviert wird

Frigga – ein deftiges Holzfällergericht – Maisgrieß mit Speck, Käse und Eiern in der Pfanne gebraten

Glundner Kas – Kärntner Käsespezialität aus gekochter, mit Kümmel und Butter versetzter Molke

Hauswürstel – getrocknete *Selchwurst* (Räucherwurst), darf auf keiner Brettljause fehlen

Kärntner Kaviar – von Mölltaler Forellen oder von Saiblingen der Fischzucht Sicher in Tainach

Kasnudel – Nudelteig gefüllt mit *Erdäpfeln* (Kartoffeln) oder *Topfen* (Quark), mit heißer Butter oder Grammelschmalz (Schweinefett); zahlreiche Varianten mit Fleisch- und Spinatfüllung (Foto)

Kirchtagssuppe – aus vielerlei Fleischsorten, z. B. Hühner-, Rind- und Lammfleisch gekocht

Kletzennudel – die süße Variante der Kasnudel mit einer Füllung aus getrockneten Birnen (Kletzen), Zucker und Zimt

Maischalan – zerkleinerte Innereien vom Schwein werden mit Rollgerste (Gerstengraupen) zusammen im Schweinsnetz gebraten

Most – Apfel- oder Birnenwein

Obstler – selbst gebrannter Schnaps aus Birnen, Äpfeln, Quitten …

Radler – Bier mit Kräuterlimonade gemischt

Reindling – rustikaler Kuchen aus Germteig, gefüllt mit Rosinen, Zucker, Zimt und Nüssen

Ritschert – Eintopf aus *Selchfleisch* (Räucherfleisch), Bohnen, Gerstengraupen, Gemüse

Schmarrn – Eier, Milch, Mehl und Zucker werden verrührt und in eine erhitzte Pfanne geschüttet. Diese Masse wird dann mit Gabeln zerrupft und mit Zucker und Zimt bestreut

Sterz – Die Kärntner Variante der Polenta: Maisgrieß wird mit Speck oder Eiern in der Pfanne gebraten

ESSEN & TRINKEN

Das passende Getränk zur Brettljause ist Most, ein Apfelwein. Der beste kommt aus dem Lavant- und dem Granitzthal im Osten Kärntens. Eine feinere Spielart ist der sektähnliche Apfelfrizzante. Die Buschenschenken unterliegen gesetzlich festgelegten Öffnungszeiten. Welche in Ihrer Nähe gerade „ausg'steckt", also geöffnet hat, verrät der *Buschenschenkenführer (Tel. 04 63/585 04 11 | www.buschenschenken.at)*.

Höchsten Genuss halten die Almkäsereien über dem Gailtal bereit: Zahlreiche Sennereien erzeugen nach alter Tradition den würzigen Gailtaler Almkäse, der mittlerweile eine EU-weit geschützte Marke ist. In der ==Schaukäserei auf der Tressdorfer Alm== (Insider Tipp) kann man den Sennern bei der Herstellung über die Schulter blicken *(Tel. 042 85/818 10 | www.tressdorfer alm.at)*. Nicht weniger bekannt ist der Gailtaler Speck, der ausschließlich von speziell gefütterten Schweinen stammt und schonend an der Luft getrocknet wird. Im Juni ist ihm in Hermagor ein großes Fest gewidmet.

Neben dem erwähnten Most ist Bier das Lieblingsgetränk der Kärntner. Bekannte Brauereien gibt es in Villach, Klagenfurt und Hirt bei Friesach. In den dazugehörigen Braugasthöfen wird der Gerstensaft frisch gezapft. Doch auch Weintrinker kommen in Kärnten nicht zu kurz. Österreichs Winzer keltern ausgezeichnete Weine, und auf vielen Weinkarten finden sich auch die Tropfen aus dem benachbarten Italien und Slowenien. Mittlerweile gibt es auch eine Handvoll Winzer in Kärnten selbst – ihre meist raren Tropfen finden Sie z.B. in der *Vinothek Jäger (Radetzkystr. 38 | Tel. 04 63/573 54)* in Klagenfurt.

Bei so viel gutem Essen darf zum Schluss ein Verdauungsschnaps nicht fehlen. Der Obstler wird in zahlreichen Varianten gebrannt. Viele Wirte servieren eigene Brände. Die „Pfau"-Destillate des Klagenfurter Schnapsbrenners Valentin Latschen sind in den besten Restaurants Europas begehrt. Besucher sind in der Brennerei willkommen *(Schleppeplatz 1 | Tel. 04 63/427 00 66 | www.pfau.at)*.

Sogar ==selbst Schnaps brennen== (Insider Tipp) können Sie in Kärnten, und zwar bei *Dr. Helge Schmickl (Ehrentalerstr. 39 | Tel./Fax 04 63/43 77 86 | www.schnapsbrennen.at)* in Klagenfurt: Auf kleinen Tischanlagen können Interessierte selbst Edelbrände herstellen.

Mit regionalen Produkten in den Tag starten

26 | 27

MITBRINGSEL OHNE KITSCHFAKTOR

Hochprozentige Reiseandenken oder Tand von Hand – Sie haben die Wahl

> Tradition wird in Kärnten großgeschrieben. Das ist bei vielen volkskulturellen Veranstaltungen unübersehbar. Besonderen Wert legen die Kärntnerinnen und Kärntner dabei auf die Tracht. Jedes Tal hat eine eigene, farbenfroh und nach alter Handwerkskunst gefertigt. Einzelne Teile davon oder gar ein ganzes Outfit können ein schmuckes Reiseandenken abgeben.

Seit die kleinen Bauern durch den EU-Beitritt Österreichs in wirtschaftliche Bedrängnis geraten sind, haben die Produktion und der Direktvertrieb bäuerlicher Erzeugnisse eine Wiederauferstehung gefeiert – sehr zur Freude der Konsumenten. Schinken und Speck, Käse, Würste, aber auch hochprozentige Destillate aus Kärntner Obst erfreuen sich großer Beliebtheit.

■ FISCHSPEZIALITÄTEN ■

In der Nähe großer Gewässer in Kärnten gibt es Fischzuchten und auch Betriebe, die die unterschiedlichen Fischarten veredeln. Ein Geheimtipp ist zweifellos der Fischereibetrieb Payr in Sirnitz im Gurktal *(Neu-Albeck 10, 9571 Sirnitz, Tel. 06 64/793 54 52)*. Dort gibt es natürlich frische Forellen, Saiblinge, Huchen und „Kärntner Laxn", aber je nach Angebot auch geräucherte Fische und graved (gebeizte) Lachsforellen, dazu Fischaufstriche und Kaviar. Im August ist beim Fischereibetrieb Payr auch stets ein großes Fischfest angesagt.

Insider Tipp

■ KUNSTHANDWERK ■

Während des Sommers gibt es immer irgendwo in Kärnten Kunsthandwerksmärkte. Von Keramik über Textilien, von Schmuck bis zu Holzspielzeug gibt es da alles. Bemerkenswert sind vor allem die Märkte, die in Ossiach und Techendorf am Weißensee stattfindet. Ein spezieller Tipp ist die *Spielzeugwerkstatt Lenoble* mitten im Wald in den Ossiacher Tauern, wo Jean Luc und Heidi Kunsthandwerk aus Holz produzieren – schöne Souvenirs. *Tel. 042 43/81 11.*

> EINKAUFEN

SCHNAPS UND ÖL

Seit je wird von den Kärntner Bauern Schnaps gebrannt. Deshalb gibt es bei etlichen Ab-Hof-Verkäufern auch hochprozentige Mitbringsel. Der Olymp der Kärntner Schnapskultur liegt in Bad Kleinkirchheim bei Wolfram Ortners *world spirits (www.wob.at)*, Edelbrände gibt es auch in der *Pfau-Brennerei (www.pfau.at)* von Valentin Latschen und in der *Schleppe-Brauerei (www.schleppe.at)* in Klagenfurt.
Öl ist die Spezialität der Familie Sauer am *Krügerhof* in Rausch bei Griffen *(Tel. 042 33/22 92)*. Versuchen Sie das Sonnenblumenöl aus erster Pressung!

SPECK UND KÄSE

Wer schon einmal eine Brettljause auf einer Almhütte oder in einer Buschenschenke genossen hat, weiß, wie köstlich die bäuerlichen Produkte schmecken. Speck, Schinken, Würste, Käse vom Feinsten. Mittlerweile ist Kärnten sogar in Genussregionen eingeteilt. Gailtaler Speck und Almkäse sind ebenso ein Markenzeichen wie Apfelmost aus dem Lavanttal, Honig aus dem Rosental oder die Salami aus dem Jauntal *(www.genuss-region.at)*. Viele Bauern verkaufen ihre Produkte auch direkt ab Hof. Einer ist sicher in Ihrer Nähe: *www.einkaufenaufdembauernhof.at*.

TRACHTEN

Das *Kärntner Heimatwerk (Herrengasse 2 | Klagenfurt | Tel. 04 63/555 75 | www.kaerntnerheimatwerk.at)* ist die erste Anlaufstelle, wenn es um authentische Trachten geht. Das Heimatwerk hat Filialen in Villach, Spittal/Drau und Wolfsberg. Weitere gute Adressen für traditionelle Kleidung sind Wurzer Drindl in Hermagor *(www.wurzerdrindl.at)* und das Trachtenhaus Strohmaier in Weitensfeld *(www.trachtenhaus.at)*. Etwas skurril, aber des Öfteren zu sehen: der Kärnten-Kilt. Das Röckchen für den „Alpen-Schotten" gibt es bei Rettl in Villach *(www.rettl.com)*. Die Kärntner Trachten sind keine Schnäppchen. Qualität hat ihren Preis.

28 | 29

> ZENTRUM VON KULTUR UND TOURISMUS

Auf dem geschichtsträchtigsten Boden des Landes treffen Besucher auf alte Schlösser und moderne Vergnügungsparks

> Das Klagenfurter Becken ist in vielerlei Hinsicht das Zentrum Kärntens. Hier ist der wirtschaftliche, geistige, kulturelle und mit dem Wörthersee auch der touristische Mittelpunkt des Landes.

Vor Jahrtausenden siedelten im historischen Kernland Kärntens Kelten und Römer. Die versunkene Stadt Virunum im Norden von Klagenfurt war die Hauptstadt der römischen Provinz Noricum. Jedes Jahrhundert hat Bauten zurückgelassen, die diese Region, neben den landschaftlichen Schönheiten, für Urlauber besonders attraktiv machen.

Der Wörthersee, die „schönste Badewanne der Alpen", ist der Tourismusmagnet Nummer eins. In seinem Sog sind zahlreiche Einrichtungen entstanden. Beispielsweise Minimundus, wo mehr als 100 Modelle berühmter Bauwerke aus aller Welt jährlich Hunderttausende Besucher anlocken. Planetarium und Reptilien-

Bild: Klagenfurt, Wörthersee

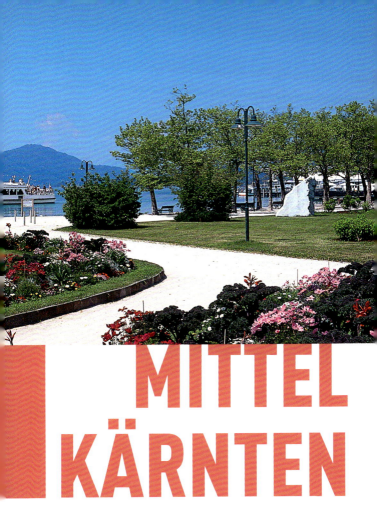

MITTEL KÄRNTEN

zoo komplettieren den Freizeitpark in Klagenfurt, der mit dem Europapark das Naherholungsgebiet der Landeshauptstadt bildet. In diesem Bereich steigen auch die beiden sommerlichen Megaevents von Klagenfurt: der Beachvolleyball-Grand-Slam im Juli und der Ironman Anfang August. Dazu kommt noch die Seebühne in der Klagenfurter Bucht. Hingegen hat das sogenannte GTI-Treffen für Normaltouristen und viele Einheimische schreckliche Ausmaße angenommen: Zehntausende Autonarren aus ganz Europa überschwemmen und verstopfen die Region mit ihren aufgemotzten Boliden. Einige Touristikunternehmen sehen in diesem Event jedoch eine finanziell erfreuliche Eröffnung der Vorsaison Ende Mai/Anfang Juni.

Sucht man nach geschichtlichen Spuren Kärntens, wird man in Mittelkärnten rasch fündig. Die Renais-

KLAGENFURT AM WÖRTHERSEE

Ein Badeparadies haben die Klagenfurter direkt vor der Haustür

sancestadt Klagenfurt, seit 1518 Landeshauptstadt, wurde von italienischen Baumeistern entworfen. Zuvor war St. Veit an der Glan das urbane Zentrum Kärntens.

Zwischen diesen beiden Städten liegt der Herzogstuhl. Auf ihm vergab der Landesherrscher im Mittelalter die Lehen. In diesem historischen Kernland liegt auch Maria Saal mit seiner mächtigen zweitürmigen Kirche, die von einer Wehranlage umgeben ist. Maria Saal war im 8. Jh. das Zentrum der Christianisierung Kärntens.

Weiter Richtung Norden setzt sich der historische Boden Kärntens fort. Friesach, knapp unterhalb des Neumarkter Sattels, ist die älteste Stadt Kärntens. Zwischen Friesach und St. Veit geht es in westlicher Richtung hinein in das Gurktal, wo im Ort Gurk das bedeutendste romanische Bauwerk Österreichs steht: der Dom zu Gurk, mit dessen Errichtung 1140 begonnen wurde.

Die geschichtliche Bedeutung des Raumes nördlich von Klagenfurt kommt nicht von ungefähr: Der Magdalensberg ist der sonnigste Fleck Kärntens, und das Zollfeld sowie das Krappfeld an seinem Fuß sind sehr fruchtbare Landstriche. In diesem Gebiet steht die wohl bekannteste Bilderbuch-Ritterburg Mitteleuropas: Hochosterwitz.

KLAGENFURT AM WÖRTHER-SEE

KARTE IN DER HINTEREN UMSCHLAGKLAPPE

[120 B4] ⭐ Die Landeshauptstadt ist mit ihren rund 90 000 Ew. auch die größte Stadt Kärntens und dessen wirtschaftliches, politisches und kulturelles Zentrum. Gegründet im 12. Jh., löste Klagenfurt erst im 16. Jh. die Herzogstadt St. Veit an der Glan als Landeshauptstadt ab. Damals erhielt die junge Metropole auch viele Bauwerke, auf die sie heute noch stolz ist. Unter dem Einfluss italienischer Baumeister entstanden in Klagenfurt zahlreiche Palais mit schönen Arkadenhöfen. Davon profitieren nicht nur die Klagenfurter, sondern auch die Touris-

> *www.marcopolo.de/kaernten*

MITTELKÄRNTEN

ten, denn viele der romantischen Höfe sind jetzt lauschige Gastgärten von Restaurants und Cafés.

Das Zentrum der Stadt besteht aus Altem Platz und Neuem Platz. Der Alte Platz mit seinen alten und liebevoll restaurierten Häuserfronten ist übrigens die älteste Fußgängerzone Mitteleuropas. Rund 30 architektonisch und historisch bedeutsame Bauwerke werden nach einem ausgeklügelten Beleuchtungssystem angestrahlt. So verwandelt sich die Klagenfurter Altstadt bei Dunkelheit zu einem optisch besonders reizvollen Ensemble, das zu einem abendlichen Bummel einlädt.

Eine weitere Besonderheit ist der Lendkanal, eine kleine Wasserstraße, die vom Wörthersee her früher den Stadtgraben bewässerte. Ein Spazier- und Radweg führt am Lendkanal entlang vom Stadtzentrum zum See.

Klagenfurt ist eine sehr grüne Stadt. Parks und Alleen wurden nicht zu Parkplätzen umfunktioniert – daher ist es empfehlenswert, das Auto außerhalb des Rings abzustellen, der ungefähr den Verlauf des ehemaligen Stadtgrabens anzeigt. Im Zentrum gibt es etliche Grünanlagen, vor wichtigen Bauwerken wie dem Stadttheater oder dem Stadthaus blühen in der warmen Jahreszeit stets Blumen.

An der Westgrenze der Stadt beginnt der Wörthersee. Dort finden Sie mit dem ▶▶ Strandbad Klagenfurt das größte Seebad Österreichs. Gleich daneben erstreckt sich der Europapark, eine großzügige Anlage mit Spielplätzen, Freizeiteinrichtungen und einem Skulpturenpark mit Werken internationaler Künstler. Die Rasenflächen des Europaparks dürfen übrigens betreten werden.

MARCO POLO HIGHLIGHTS

★ **Friesach**
Ein Ausflug ins Mittelalter (Seite 44)

★ **Wörthersee**
Riviera-Atmosphäre und Romantik, Badeparadies und (Event-)Kultur (Seite 49)

★ **Hochosterwitz**
Die schönste Ritterburg Österreichs (Seite 46)

★ **Gurk**
Der mächtige Dom ist einen Besuch wert (Seite 46)

★ **Maria Saal**
Die erste Kirche Kärntens und der Stuhl der Herzöge (Seite 41)

★ **Hüttenberg**
Ein Bergbaumuseum, ein Schaubergwerk und die Kultur des alten Tibet (Seite 47)

★ **Klagenfurt am Wörthersee**
Die grüne Landeshauptstadt ist Kulturmetropole und Touristenzentrum Kärntens (Seite 32)

★ **Magdalensberg**
Kelten und Römer hinterließen noch gut sichtbare Spuren (Seite 40)

★ **St. Veit an der Glan**
Die frühere Hauptstadt Kärntens ist umgeben von Schlössern und Burgen (Seite 42)

KLAGENFURT AM WÖRTHERSEE

Direkt am See gibt es auch eine schwimmende Bühne, auf der im Juli und August Musicals gespielt werden.

■ SEHENSWERTES

ALTER PLATZ

Das Zentrum der Klagenfurter Altstadt. Teilweise besteht noch die Bebauung aus dem 16. und 17. Jh. An der westlichen Seite befindet sich das *Haus zur Goldenen Gans,* das älteste Gebäude Klagenfurts mit schönem Innenhof, in dem es ein nettes Café gibt. Der gesamte Alte Platz ist Fußgängerzone und das Haupteinkaufsgebiet der Stadt. Zu späterer Stunde mutiert die Herrengasse zum Zentrum des Nightlifes.

BERGBAUMUSEUM

Im *Botanischen Garten* befindet sich der Zugang zum Bergbaumuseum im Kreuzbergl mit umfassender Mineralienausstellung und Darstellung der Bergbaugeschichte. Im Stollensystem gibt es auch eine Felsenhalle, die für kulturelle Veranstaltungen genutzt wird. Mineralienbörse am ersten Samstag im August. *Kinkstr. 6 | April–Okt. tgl. 10–18 Uhr*

DIÖZESANMUSEUM

Gleich neben dem Dom eine reichhaltige Sammlung sakraler Kunst Kärntens von der Romanik bis zum Spätklassizismus. *Domplatz | Juni–Mitte Okt. Mo–Sa 10–12 Uhr, Mitte Juli–Mitte Sept. auch 15–17 Uhr*

DOMKIRCHE

Im 16. Jh. als protestantische Kirche errichtet, ist sie von außen eher unscheinbar, innen aber reich mit Stuckdekor und Wandmalereien ausgestattet. Heute ist die Bischofskirche im Besitz der katholischen Kirche, die sie während der Gegenreformation vereinnahmte. Seitdem sich im Dom eine neue Orgel befindet, werden oft Konzerte veranstaltet. *Domplatz*

EBOARD-MUSEUM ▶▶

Europas größtes Museum für elektronische Tasteninstrumente ist wie ein Ausflug in die Musikgeschichte der letzten Jahrzehnte. Rund 1000 Instrumente aus Pop, Rock und Jazz sind zu bestaunen, etliche davon mit Kultstatus. *Florian-Gröger-Straße 20 | tgl. 14–19 Uhr | www.eboard museum.com*

KREUZBERGL

Insider Tip

Der Spazierberg Klagenfurts, ein idyllisches Landschaftsschutzgebiet mit Teichen, Spielplätzen und Fitnessparcours. Die *Sternwarte* wird als Aussichtsturm genutzt. Abends gibt es regelmäßige Führungen, allerdings nur, wenn die Witterung es zulässt. Am Fuß des Kreuzbergls kann man im *Botanischen Garten (Mai–Sept. tgl. 9–18 Uhr, Okt.–April Mo–Do 9–16 Uhr, feiertags geschlossen)* die Kärntner Pflanzenwelt, aber auch exotische Gewächse bewundern. *Nordwestlich des Stadtzentrums*

KULTURBEZIRK

An der Nordwestecke der Innenstadt befindet sich der sogenannte Kulturbezirk. Dort stehen das 1998 renovierte Klagenfurter *Stadttheater,* ein 1910 fertig gestellter Jugendstilbau, und daneben das *Stadthaus,* wo regelmäßig große Kunstausstellungen gezeigt werden. Ein weiterer Hort

> *www.marcopolo.de/kaernten*

MITTELKÄRNTEN

der Kunst ist das ebenfalls für Kunstausstellungen dienende, im Jugendstil errichtete *Künstlerhaus*. Für Ausstellungen und Veranstaltungen werden außerdem noch das *Europahaus* und das *Haus der Architektur* (Napoleonstadel) genutzt. Ein besonders schöner Ausstellungsort ist schließlich die neue *Stadtgalerie (www. stadtgalerie.net)* gleich neben dem Stadttheater mit Kunstausstellungen von internationalem Format.

LANDESMUSEUM

Der Bau vom Ende des 19. Jhs. beherbergt mehrere Sammlungen. Hervorzuheben sind die Bereiche Urzeit, römerzeitliche und mittelalterliche Landesgeschichte sowie die volkskundliche Abteilung. *Museumsgasse 2 | Di–Sa 9–16, So 10–13 Uhr | www.landesmuseum-ktn.at*

LANDHAUS

Im 16. Jh. entstandener Sitz des Kärntner Landtages. Auch heute tagt dort die Kärntner Volksvertretung. Im Landhaus gibt es zwei prächtige Säle, die mit den gemalten Wappen der Kärntner Landstände geschmückt sind. Der mächtige, hufeisenförmige Bau mit zwei Türmen umschließt den Landhaushof, auf dem im Sommer viele Veranstaltungen stattfinden. Der Wappensaal kann besichtigt werden. *Landhaushof 1 | Führungen nach Anmeldung (Tel. 04 63/57 75 71 02) | www.kaerntner-landtag.ktn.gv.at*

LENDKANAL

Er verbindet Klagenfurt mit dem Wörthersee. Das kleine Schiff „Lendwurm" fährt von Mai bis September dreimal täglich zum See und zurück.

Schöner Jugendstil: Das Stadttheater wurde erst vor ein paar Jahren renoviert

KLAGENFURT AM WÖRTHERSEE

LINDWURM
Auf dem größten Platz der Stadt, dem Neuen Platz, steht das berühmte Wahrzeichen: der Lindwurm. Aus einem gewaltigen Schieferbrocken wurde dieses Standbild eines Drachen, das an die Gründungssage der Stadt erinnert, vor mehr als 400 Jahren gehauen.

LITERATURMUSEUM
Im Geburtshaus des Dichters Robert Musil wurde das *Robert-Musil-Literatur-Museum* eingerichtet. Dort finden zahlreiche Lesungen statt. Außerdem werden ständige Ausstellungen mit Erinnerungsstücken von Musil und Ingeborg Bachmann gezeigt. *Bahnhofstr. 50 | Mo–Fr 10–17, Sa 10–14 Uhr | www.musilmuseum.at*

MUSEUM MODERNER KUNST KÄRNTEN
Das MMKK im Zentrum bietet auf 1000 m^2 Ausstellungsfläche zeitgenössische Kunst und Wechselausstellungen. *Burggasse 8 | Di/Mi und Fr–So 10–18 Uhr, Do 10–20 Uhr | www.museummodernerkunst.ktn.gv.at*

STADTPFARRTURM
Vom 92 m hohen Turm der im 17. Jh. errichteten Stadtpfarrkirche St. Egyd hat man den schönsten Blick über Klagenfurt. *Am Pfarrplatz | April–Okt. Mo–Fr 10–17.30 Uhr, Sa 10–12.30 Uhr*

WÖRTHERSEE-MANDL
In der Kramergasse – zwischen Altem und Neuem Platz – steht der *Wörthersee-Mandl-Brunnen*: ein kleines Männchen mit erhobenem Zeigefinger und einem Fass unterm Arm, aus dem das Wasser sprudelt. Dieser Brunnen erinnert an die Entstehungssage des Wörthersees: Dort, wo jetzt der See ist, soll früher einmal eine schöne Stadt gestanden haben. Die Bewohner waren aber gotteslästerliche Leute, die nur prassten und der Völlerei frönten. Eines Tages kam ein Männchen zu ihnen

Bekanntes Wahrzeichen der Stadt: der aus Schiefer gehauene Lindwurm

MITTELKÄRNTEN

und sagte, sie sollten damit aufhören und wenigstens an hohen Feiertagen etwas fromm sein. Falls nicht, würde er sein Fässchen öffnen, drohte der Wicht. Aber die übermütigen Stadtbewohner lachten das Männchen nur aus. Das zog daraufhin den Stopfen aus dem Fässchen, und aus diesem rann es und rann es, bis die Menschen jämmerlich ersoffen waren. Und es rann weiter und weiter, bis sich der Wörthersee ausgebreitet hatte. Noch jetzt soll man abends, wenn es ganz still ist, die Glocke der im See versunkenen Kirche leise läuten hören.

ESSEN & TRINKEN

AETSCH PETSCH
An der Straße von Klagenfurt nach Krumpendorf gleich über der Schiffanlegestelle in einem schönen alten Hotelbau. Ein Restaurant mit skurrilem Look und bodenständiger Küche mit jungem Touch. *Villacher Straße 338 | Tel. 04 63/22 04 40 | €–€€*

BIERHAUS ZUM AUGUSTIN
Beliebter Treffpunkt mit guter Küche und eigener Brauerei im Lokal. Schöner Innenhofgarten. *Pfarrhofgasse 2 | Tel. 04 63/51 39 92 | €*

CAFÉ SUNSET BAR
Einer der schönsten und neuesten Hotspots in der Klagenfurter Bucht. Toller Ausblick auf den See und dazu gepflegte Küche und Drinks. *Strandbad Klagenfurt | Tel. 04 63/28 72 00 | €€*

DOLCE VITA
Eines der höchstgelobten Gourmetlokale Österreichs, mit mediterranen Gerichten; besser isst man auch am Mittelmeer nicht. *Heuplatz 2 | Tel. 04 63/554 99 | €€€*

Robert Musils Schreibmaschine im Literaturmuseum

PIZZERIA MICHELANGELO
Einer der beliebtesten Italiener der Stadt. Pizzen und andere italienische Spezialitäten in typisch italienischer

KLAGENFURT AM WÖRTHERSEE

Atmosphäre. Zwar etwas außerhalb des Zentrums, aber einen Besuch wert. *St. Veiter Str. 181 | Tel. 04 63/48 18 89 | €–€€*

OSCAR
Restaurant für alle Geschmäcker, gute italienische Küche mit asiatischen Akzenten, preiswerte Mittags- und Abendmenüs. *St. Veiter Ring 43 | Tel. 04 63/50 01 77 | €–€€*

PUMPE
Zünftiges, alteingesessenes Bierlokal im Zentrum mit bodenständiger Küche. *Lidmanskygasse 2 | Tel. 04 63/571 96 | €*

EINKAUFEN

Das Shoppinggebiet hat sich mit der Eröffnung der *City-Arkaden* im Jahr 2006 in den Norden der Altstadt verschoben. Einen Besuch wert ist der *Markt* auf dem Benediktinerplatz *(Mo–Sa 6–13 Uhr)*, der südländisches Flair vermittelt.

ÜBERNACHTEN

ALPEN-ADRIA-STADTHOTEL
Günstige Adresse im Stadtteil Waidmannsdorf auf halber Strecke zwischen Zentrum und See (je etwa 1500 m). Es gibt Busverbindung in beide Richtungen. *24 Zi. | Waidmannsdorfer Str. 57 | Tel. 04 63/24 95 45 | Fax 249 54 55 | www.alpenadria-stadthotel.at | €*

ARCOTEL MOSER VERDINO
Renoviertes Traditionshotel im Zentrum mit Café und Restaurant. Nur eine Fußminute vom Lindwurm entfernt. *71 Zi. | Domgasse 2 | Tel. 04 63/578 78 | Fax 51 67 65 | www.arcotel.at/moserverdino | €€*

DER SANDWIRTH 🔊
Das renovierte Haus ist ein Stück Klagenfurter Geschichte. Mit Café, Restaurant und gutem Frühstücksangebot. *51 Zi. | Pernhartgasse 9 | Tel. 04 63/562 09 | Fax 51 43 22 | www.sandwirth.at | €€€*

Eintauchen in fremde Welten – möglich im Planetarium im Europapark

MITTELKÄRNTEN

HOTEL GEYER
Gutes Mittelklassehotel im Zentrum. *25 Zi. | Priesterhausgasse 5 | Tel. 04 63/578 86 | Fax 578 86 20 | www. hotelgeyer.com | €€*

HOTEL WEIDENHOF
Ein familiäres Haus, günstig in Seenähe gelegen. *34 Zi. | Süduferstr. 66 | Tel. 04 63/28 15 40 | Fax 281 54 08 | www.weidenhof.at | €€*

JUGENDHERBERGE
Das Jugendgästehaus bei der Universität, nicht weit vom Wörthersee, ist ein recht luxuriöses Haus. Erst Mitte der 1990er-Jahre errichtet, verdient es eher die Bezeichnung Jugendhotel. Bei einem Ranking wurde es unter 4500 Jugendherbergen weltweit an die vierte Stelle gereiht. Alle 38 Zimmer sind mit vier Betten, Dusche und WC ausgestattet. Auch Halbpension ist möglich. *Neckheimgasse 6 | Tel. 04 63/23 00 20 | Fax 23 00 20 20 | €*

PALAIS HOTEL LANDHAUSHOF
Architektonisches Kleinod im Zentrum, ❊ Wellnessbereich mit Blick über Klagenfurt, gutes Selbstbedienungs- und Gourmetrestaurant im überdachten Arkadeninnenhof. *27 Zi. | Landhaushof 3 | Tel. 04 63/59 09 59 | Fax 59 09 59 09 | www.landhaushof.at | €€€*

■ AM ABEND
Diskotheken und Clubs gibt es in Klagenfurt nicht viele; angesagt sind derzeit *Custo Club (Herrengasse 12)* und *Bollwerk (Gerberweg 46).* Dafür gibt es jedoch unzählige Beisln und Szenelokale, in denen sich Jung und

Alt drängeln. Eine kleine Auswahl: *Bierhaus zum Augustin (Pfarrhofgasse 2); Jazz- und Blueskeller Kamot (Bahnhofstr. 9).* Das Epizentrum des Nachtlebens ist die ▶▶ *Herrengasse.* Dort muss man ab Mitternacht jedoch mit Ballermannatmosphäre rechnen.

In den Sommermonaten verlagert sich das nächtliche Geschehen Richtung See und in die Tanztempel von Velden und Pörtschach. Auch am *Neuen Platz* ist im Sommer viel los. So gibt es im Juli und August Musikfestivals und Stadtfeste.

Einen Besuch verdient das *Stadttheater (www.stadttheater-klagenfurt.at),* das sich zu einem der interessantesten Häuser Österreichs entwickelt hat. Gezeigt werden Schauspiel, Oper, Operette und Musical.

■ AUSKUNFT
Neuer Platz, im Rathaus | Tel. 04 63/537 22 23 | Fax 537 62 18 | Mai–Okt. Mo–Fr 8–20 Uhr, Sa/So 10–17 Uhr, Nov.–April Mo–Fr 8–18.30 Uhr, Sa/So 10–13 Uhr | www.info.klagenfurt.at

■ ZIELE IN DER UMGEBUNG
EUROPAPARK   [120 A–B5]
Im Westen Klagenfurts liegt die Ostbucht des Wörthersees. Dort befindet sich auch das Städtische Strandbad mit einem Fassungsvermögen von mehr als 12000 Personen. Neben dem Strandbad, 3 km vom Stadtzentrum entfernt, liegt der Europapark, eine groß angelegte Erholungszone mit Planetarium, Spielplätzen, Bootsverleih, einem Schachspielplatz, unzähligen Blumenbeeten und vielen Großplastiken von internationalen

KLAGENFURT AM WÖRTHERSEE

Künstlern. Für Inlineskater gibt es ein großes Areal mit Halfpipe.

KARNBURG UND ULRICHSBERG [120 B4]
Im Frühmittelalter war das 5 km nördlich gelegene Karnburg eine karolingische Königspfalz. Übrig geblieben ist nur die Kirche *St. Peter und Paul*, in deren Mauerwerk sowohl antike Römersteine eingemauert sind als auch karolingische Flechtwerksteine aus dem 9. Jh.

Von Karnburg gelangt man auf den ❊ *Ulrichsberg*, einen der vier heili-

> LOW BUDGET

> Stadtführungen durch Klagenfurt gibt es im Juli und August kostenlos. Der Treffpunkt für diese Führungen ist beim *Tourismusbüro* an der Nordostecke des Rathauses am Neuen Platz, *Mi und Sa um 10 Uhr.*

> In Klagenfurt-Viktring [119 F5], wo sich vor vielen Jahren eine Adidas-Fabrik befand, gibt es noch immer ein Outlet mit Adidas-Produkten deutlich unter dem üblichen Ladenpreis. *Adidas Austria Zentrale, Adi-Dassler-Gasse 6, Tel. 04 63/28 48-0.*

> Der Forstsee zwischen Velden und Pörtschach ist ein Stausee [119 E5] mitten im Wald und wird als wilder Badesee auch von Nudisten genutzt. Kein Eintritt, nur Parkkosten. Aber viel Andrang, deshalb sehr früh oder sehr spät oder mit dem Fahrrad anreisen.

> Von Mai–Sept. gibt es vor dem Schloss in Velden [119 D5] dreimal die Woche die sogenannte Klangwelle, ein Wasser-Licht-Laser-Musikspektakel. *Gratis, jeweils Mi, Fr und So ab 22 Uhr.*

gen Berge Kärntens. Er rückt Anfang Oktober in den Blickpunkt der Öffentlichkeit. Sogenannte heimattreue Verbände, Soldatenvereinigungen und Kameradschaftsbünde versammeln sich dort zu einer Kundgebung. Sie behaupten, dies diene dem Frieden in der Welt. Kritiker meinen, es handle sich hier um einen nationalistischen Aufmarsch im Vorfeld der Feiern zum 10. Oktober, dem Tag der Kärntner Volksabstimmung.

Trotz allem ist der gemütliche Aufstieg auf diesen Berg ein Muss, wenn Sie den Kärntner Zentralraum von oben sehen wollen. Ausgangspunkt für diese ein- bis zweistündige Wanderung ist der *Kollerwirt am Ulrichsberg.* (Man erreicht diesen Bauernhof von Karnburg über die Straße nach Pörtschach am Berg. Hier beginnt die Straße auf den Ulrichsberg, die beim Kollerwirt endet.) Mit bequemen Wander- oder Turnschuhen nimmt man den gemütlichen, aber stetig steigenden Weg in Angriff. Am Gipfel befindet sich die Gedenkstätte der Ulrichsberg-Gemeinschaft, ein Sammelsurium von Gedenktafeln an militärische Einheiten der Weltkriege.

MAGDALENSBERG ★ [120 B–C 3–4]
15 km nordöstlich von Klagenfurt erwartet Sie die größte archäologische Ausgrabungsstätte Österreichs. Etliche Gebäude der ehemaligen keltisch-römischen Hauptstadt der Provinz Noricum sind dort freigelegt. Im *archäologischen Park (Mai–Mitte Okt tgl. 9–19 Uhr)* sind die schönsten Funde ausgestellt. Auf dem Gipfel des Magdalensberges (1059 m) steht eine Wallfahrtskirche aus dem 13. Jh. und daneben das *Gipfelgasthaus (Tel.*

MITTELKÄRNTEN

042 24/22 49 | €). Hier gibt es die Kärntner Kasnudel und alle ihre Verwandten wie Fleischnudel, Spinatnudel, Kletzennudel.

derte. In der Nähe, ungefähr 1 km Richtung St. Veit, steht direkt neben der Straße der *Herzogstuhl.* Auf diesem zweisitzigen Steinmonument

Magdalensberg: archäologische Funde aus keltisch-römischer Zeit

MARIA SAAL ★ [120 B4]

Uralter Ort (3500 Ew.) 5 km nördlich mit der ersten Kirche Kärntens, die um 750 errichtet wurde. Heute präsentiert sich das Gotteshaus als ein mächtiger, zweitürmiger gotischer Bau mit Befestigungsanlagen. In die Fassade sind zahlreiche Römersteine mit Reliefs eingemauert, unter anderem die berühmte Postkutsche, außerdem Fresken vom 15. Jh. bis ins 20. Jh. In der Propstei beim Dom ist ein *Möbelmuseum* untergebracht *(Juli/Aug. tgl. 10–16 Uhr).* Überdies befindet sich in Maria Saal das *Kärntner Freilichtmuseum (Mai– Mitte Okt. Di–So 10–18 Uhr):* Alte Bauernhöfe aus ganz Kärnten wurden dort wieder errichtet und geben einen Einblick in die Lebens- und Wohnformen vergangener Jahrhun-

wurde das Einsetzungsritual der Kärntner Herzöge zelebriert.

STIFT VIKTRING [120 A5]

1142 wurde dieses Stift 5 km südlich von Klagenfurt gegründet. Als eines der reichsten Klöster des Landes war das Zisterzienserstift im Mittelalter und in der Barockzeit ein wichtiger Kulturträger. Besonders sehenswert ist die Glasgemäldefolge der Stiftskirche. Die Marienlegende, der Leidensweg Christi und die Apostel sind darauf dargestellt. Heute ist das ehemalige Stift ein Gymnasium. Im Sommer findet dort das *Musikforum Viktring (www.musikforum.at)* statt, Meisterkurse für Musiker von Klassik bis Jazz werden angeboten. Dabei gibt es auch ein Konzertprogramm, das viele Zuhörer anlockt.

ST. VEIT AN DER GLAN

ST. VEIT AN DER GLAN

[120 B3] ⭐ Vom 12. bis ins 16. Jh. war St. Veit die Hauptstadt von Kärnten. St. Veit besitzt einen schönen alten Stadtkern, um den noch gut erhaltene Teile der Stadtmauer stehen. Ihre Blüte erlebte die Stadt im späten Mittelalter. Gelegen an einer wichtigen Handelsroute, war St. Veit ein bedeutender Umschlagplatz für Güter aller Art. Aus dieser Zeit stammt die Tradition des St. Veiter Wiesenmarktes, auch heute noch ein bedeutender Vieh- und Krämermarkt, der mittlerweile freilich um Jahrmarktsbuden zum Rummelplatz erweitert wurde. Eine wichtige Wirtschaftsquelle war das norische Eisen, das aus dem nahen Görtschitztal kommend über St. Veit in alle Gebiete Europas exportiert wurde. In St. Veit befand sich auch eine Münzprägestätte. Hier wurde die älteste Münze mit deutscher Inschrift geprägt. Sie ist heute im Stadtmuseum zu bewundern.

Ende des 15. Jhs. wurde St. Veit mehrmals von den Türken und Ungarn überfallen und teilweise zerstört. Sieben Großbrände verwüsteten die Stadt. Aber wie ein Phönix präsentiert sich die 13 000-Ew.-Stadt heute als hübsches Ensemble mit Bezug zur Geschichte: St. Veit ist umgeben von einem Burgen- und Schlösserring. Die berühmteste und prächtigste ist Burg Hochosterwitz. St. Veit ist aber auch das Tor zum Norden Mittelkärntens.

Das Rathaus prägt das Gesicht des mittelalterlichen Hauptplatzes in St. Veit

> *www.marcopolo.de/kaernten*

MITTELKÄRNTEN

SEHENSWERTES

HAUPTPLATZ

Das Paradebeispiel eines mittelalterlichen Platzes. Die Fassaden der Häuser wurden nach dem letzten großen Brand 1829 erneuert. Das *Rathaus* in der Mitte des Platzes stammt aus dem 15. Jh. und hat einen wunderschönen, dreigeschossigen Arkadenhof mit Sgraffitomalereien. Am Hauptplatz befindet sich der *Schüsselbrunnen* aus dem 16. Jh. Die in diesen Brunnen integrierte antike Marmorschale wurde im römischen Virunum unweit der Stadt gefunden. Außerdem stehen am Platz eine *Pestsäule* und der dreischalige *Walther-von-der-Vogelweide-Brunnen* aus dem Jahr 1676, der aber erst seit 1960 diesen Namen trägt, als er mit einer Statue des Minnesängers versehen wurde.

HERZOGSBURG

An der Stadtmauer errichtetes Zeughaus, ein schlichter Zweckbau aus dem 16. Jh. mit einem vermutlich älteren Eckturm – hier lagerten die Waffen der Stadt. Ob das Gebäude im Mittelalter die Burg des Herzogs war, ist umstritten. *Geöffnet nach Anmeldung im Rathaus | Tel. 042 12/555 56 68*

MUSEUM ST. VEIT

Hier sind mehrere Museen untergebracht: Außer dem Verkehrsmuseum mit nostalgischen Straßenbahnen und Schmalspurlokomotiven befindet sich auch das Stadtmuseum in diesen Räumen – mit einer regionalgeschichtlichen Sammlung, einer Puppenausstellung und einem Münzkabinett. Dargestellt wird auch die Geschichte der Trabanten, einer Schützenkompanie, die vor der Schweizergarde dem Papst diente. *Hauptplatz | April–Okt. tgl. 9–18 Uhr*

ESSEN & TRINKEN

WIRTSHAUS KUNSTHANDWERK

Liebevoll gestaltetes Restaurant in einem ehemaligen Forsthaus, etwas außerhalb und in einem Wald versteckt. Gute Küche, romantischer Garten. *Radelsdorf 1 | Liebenfels | Tel. 042 15/28 94 | €€*

GASTHAUS PRETTNER

Etwas außerhalb gelegen, gute Kärntner Hausmannskost. *St. Donat | Zollfeldstr. 3 | Tel. 042 12/24 98 | €*

LA TORRE

Das Restaurant im Stadtturm lockt mit italienischer Fischküche. *Grabenstr. 39 | Tel. 042 12/392 50 | €€–€€€*

PRINCS

Im Ambiente eines renovierten mittelalterlichen Gebäudekomplexes mit viel Atmosphäre, in dem das Preis-Leistungs-Verhältnis stimmt. Feine Küche. *10.-Oktober-Platz | Tel. 042 12/301 68 | €–€€*

EINKAUFEN

Am und um den Hauptplatz gibt es jede Menge Geschäfte. Empfehlenswert sind auch die Bauernhöfe in der Umgebung der Herzogstadt, bei denen es landwirtschaftliche Produkte direkt vom Erzeuger gibt. Berühmt ist der Ziegenkäse aus dieser Region.

ÜBERNACHTEN

ERNST-FUCHS-PALAST

Ein bunt schillerndes Haus im Zentrum von St. Veit: Gebaut wurde es

ST. VEIT AN DER GLAN

nach den Entwürfen des phantastischen Realisten Ernst Fuchs, u. a. mit einer Fassade aus Tiffanyglas. *60 Zi. | Prof.-Ernst-Fuchs-Platz 1 | Tel. 042 12/46 60 | Fax 466 06 11 | www.fuchspalast.com | €€–€€€*

HOTEL MOSSER
Preiswertes Haus im Zentrum. *15 Zi. | Spitalgasse 6 | Tel. 042 12/32 23 | Fax 32 23 10 | www.hotel-mosser.at | €*

WEISSES LAMM
Das Hotel mit gutem Restaurant liegt mitten im Zentrum. Im stimmungsvollen Arkadenhof aus dem 15. Jh. schmecken vor allem die Kärntner Spezialitäten. *25 Zi. | Unterer Platz 4–5 | Tel. 042 12/23 62 | Fax 23 62 62 | www.weisseslamm.at | €*

AM ABEND

Highlife à la Wörthersee gibt es in St. Veit nicht. Im Sommer finden Konzerte, Ausstellungen und Veranstaltungen im überdachten Hof des Rathauses statt. Dieser Hof ist im Juni und Juli auch eine Bühne des Festivals für alte Musik, die *Trigonale*, www.trigonale.com. Das Musikfestival ist im Jahr 2003 gegründet worden; Stars wie Accordone, das Hillard Ensemble oder Jordi Savall sind hier schon aufgetreten.

AUSKUNFT

Rathaus, Hauptplatz | Tel. 042 12/555 56 68 | Fax 555 56 66 | www.stveit.carinthia.at

ZIELE IN DER UMGEBUNG

FRIESACH ★ [120 B1]
Eine Schatzkiste mittelalterlicher Baukunst ist die Burgenstadt Friesach (7000 Ew.), die 25 km nördlich nahe an der Nordgrenze Kärntens zur Steiermark liegt. 860 wurde Friesach erstmals erwähnt. Drei Berge umgeben die Stadt, auf jedem finden sich Ruinen einstmals mächtiger Burgen. Am *Petersberg* stehen ein Burgfried, weitere Befestigungsanlagen und eine Kirche aus karolingischer Zeit. Der Burgfried beherbergt das *Stadtmuseum (Mai–Mitte Okt. Di–So 13–17 Uhr, Juli/Aug. 10–17 Uhr)*. Im

> WASSER.REICH
Auf den Spuren des weißen Goldes

Kärntens einzigartiger Wasserreichtum mit 1200 Seen, 8000 Flusskilometern und unzähligen Trinkwasserquellen steht Pate für das mehrjährige Projekt *wasser.reich*. Schritt für Schritt können Urlaubsgäste den Weg des weißen Goldes erleben: Es werden verschiedene Erlebnisreisen und Aktivitäten auf den Spuren des Kärntner Wassers angeboten sowie Ausstellungen rund um das Wasser gezeigt. Das Maskottchen von *wasser.reich*, der Goldfisch Aquarino, weist Ihnen auf Hinweisschildern den Weg. Zum Beispiel führt eine Wassererlebnisroute auf die Suche nach dem Wassergold im oberen Mölltal: An sieben Punkten werden Besucher in eine geheimnisvolle Welt von Gletschern, Kristallen und Sagen entführt. Das aktuelle Programm erfahren Sie unter *Tel. 04 63/30 00 | www.wasserreich.at*

MITTELKÄRNTEN

Kärntner Erlebnisgastronomie: mittelalterliches Rittergelage in Friesach

Oberhof der Burg wurde ein Freilufttheater errichtet, in dem engagierte Laienschauspieler im Sommer heitere Klassiker aufführen. Mit der *Burg Lavant* steht eine weitere Ruine auf dem Petersberg. Auf dem Geiersberg sind Reste einer Burganlage zu finden und die spätgotische *St.-Anna-Kapelle* mit Wandmalereien aus dem 14. Jh. Eine Kirchenruine steht auf dem Gipfel des *Virgilienberges*.

In der Stadt selbst gibt es zahlreiche Sehenswürdigkeiten wie die fast vollständig erhaltenen *Befestigungsanlagen* der Stadt mit einem Wasser führenden Stadtgraben (hier lohnt eine Bootsfahrt!). Einige Friesacher Gastronomen kochen nach mittelalterlichen Originalrezepten, auch Ritteressen in den alten Gemäuern werden organisiert.

Friesach war Sitz zahlreicher geistlicher Orden und Zentrum der Christianisierung, deshalb befinden sich in der und um die Stadt viele Kirchen und Klosterbauten. Hervorzuheben ist die *Stadtpfarrkirche St. Bartholomäus,* eine dreischiffige romanische Pfeilerbasilika mit prächtigen Glasfenstern, die teilweise aus dem 13. Jh. stammen. Sehenswert ist auch die *Dominikanerkirche St. Nikolaus.* Der riesige, dreischiffige Bau hat keinen Turm, da er die Kirche eines Bettlerordens war.

Mit mythologischen Figuren der griechischen Sagen ist der prächtige *Renaissancebrunnen* der Stadt am Hauptplatz geschmückt. Für die Besichtigung von Friesach sollten Sie sich mindestens einen ganzen Tag Zeit nehmen. Eine Zeitreise zurück ins Mittelalter unternimmt Friesach jährlich im Juli mit dem *Spektakulum,* einem großen Mittelalterfest.

Übernachten können Sie im *Landhotel Metnitztalerhof (30 Zi. | Hauptplatz 11 | Tel. 042 68/251 00 | Fax 25 10 54 | www.metnitztalerhof.at | €).* Hier lässt es sich auch gut speisen. Auskunft: *Fürstenhofplatz 1 | Tel. 042 68/43 00 | Fax 42 80 | www.friesach.at*

Von Friesach empfiehlt sich ein Ausflug in den 6 km südlich gelegenen Ort *Hirt,* wo seit mehr als

ST. VEIT AN DER GLAN

700 Jahren ein hervorragendes Bier gebraut wird. Der *Braukeller Hirt* (Hirt 2 | Tel. 042 68/25 24 | €–€€) bietet zudem gutbürgerliche Küche und Kärntner Spezialitäten.

GURK ★ [120 B2]

Ein viel besuchter Wallfahrtsort 20 km nördlich ist Gurk (1500 Ew.). Auch Papst Johannes Paul II. schaute 1988 dort vorbei und zelebrierte vor 60 000 Gläubigen eine Messe. Das Zentrum des Wallfahrtsorts ist der mächtige *Dom* im romanischen Stil. Im 11. Jh. hatte die fromme und vor allem reiche Gräfin Hemma von Gurk diesen Bau gestiftet, der erst in den Folgejahrhunderten seine gegenwärtige Form annahm. Die Zwillingstürme der Kirche sind 60 m hoch. Das Innere ist angefüllt mit Kunstschätzen aus vielen Epochen. Eine Besonderheit ist die Krypta des Doms, in der die Gebeine der 1938 heilig gesprochenen Hemma von Gurk ruhen. Gestützt wird diese Krypta von sechs Stützpfeilern und 96 Säulen. Einzigartig sind die Fresken in der Kapelle über dem Eingang. Krypta und Freskenkapelle sind aus Sicherheitsgründen nur bei Führungen zugänglich.

Von Juni bis September verkehrt im Gurktal eine *Museumsschmalspurbahn,* die von Dampflokomotiven gezogen wird. Sie fährt auf der nur wenige Kilometer langen Strecke zwischen Treibach und Pöckstein/Zwischenwässern.

HOCHOSTERWITZ ★ [120 B3]

Die mit Abstand berühmteste Ritterburg Österreichs liegt nur 8 Kilometer östlich von St. Veit. Sie wurde auf einem frei stehenden Felskegel (160 m) errichtet, der schon in der frühen Bronzezeit besiedelt war. Insgesamt muss man 14 Tore passieren, ehe man in den eigentlichen Burgbereich vordringt. Ein etwas anstrengender, aber lohnender Aufstieg (es gibt auch eine kleine Schrägseilbahn). ☼ Von den Zinnen der Burg aus hat man einen herrlichen Ausblick. Feinden der Burgherren blieb dieser Ausblick verwehrt, denn Hochosterwitz wurde wegen der unbezwingbaren Festungsanlagen niemals erobert. Im Burgmuseum sind mittelalterliche Waffen, Rüstungen und andere

Heinrich-Harrer-Museum: ein Hauch Tibet

MITTELKÄRNTEN

Gerätschaften ausgestellt. Ein Hauch Ritterromantik weht auch durch den Burghof, in dem auf die ermatteten Burgeroberer unserer Tage ein Restaurant wartet. Die Kellnerinnen tragen übrigens die Tracht der mittelalterlichen Burgfräulein. *Mai–Sept. tgl. 8–18 Uhr, April und Okt. 9–17 Uhr | www.burg-hochosterwitz.at*

HÜTTENBERG ★ [120 C2]

Die Region um den knapp 30 km nordöstlich gelegenen Ort Hüttenberg (2200 Ew.) war einst das wirtschaftliche Herz Kärntens, begründet auf reichen Eisenerzvorkommen. Nach einer letzten Blüte im 19. Jh. begann der Niedergang. Was geblieben ist, sind zahlreiche gewaltige Monumente der Montangeschichte. Im *Heinrich-Harrer-Museum (Bahnhofstr. 12 | April–Okt. tgl. 10–17 Uhr)* sind Kunstschätze und auch Gerätschaften des täglichen Gebrauchs aus Tibet, Ostafrika, Südamerika und Papua-Neuguinea zu sehen. Der bekannte Weltreisende, Forscher und Ethnologe hat seiner Geburtsgemeinde einen großen Teil seiner sehenswerten völkerkundlichen Sammlung überlassen.

In *Knappenberg* auf einem Bergrücken oberhalb von Hüttenberg befindet sich eine alte, denkmalgeschützte und heute noch bewohnte Bergarbeitersiedlung. Ebenfalls in Knappenberg wurden in einem ehemaligen Grubenhaus ein *Bergbaumuseum* und eine große *Mineralienausstellung* eingerichtet. In diesem Gebiet sind rund 150 verschiedene Mineralien nachgewiesen (der drittgrößte Mineralienfundort der Erde). Einen Besuch wert ist auch das *Schaubergwerk* neben dem Museum, das in einem alten Stollen angelegt wurde. Abbaumethoden aus Vergangenheit und Gegenwart sind dort dargestellt. *Bergbaumuseum | Mineralienausstellung und Schaubergwerk | Prof.-Dr.-Kahler-Platz 1 | April–Okt. tgl. 10–17 Uhr, Juli/Aug. bis 18 Uhr | www.huettenberg.at*

Ein empfehlenswertes Gasthaus liegt etwas abseits: *Restaurant Neugebauer (Lölling-Graben 6 | Tel. 042 63/407 | €–€€)*. Im Keller dieses Restaurants befindet sich ein *Schmiede- und Schlossereimuseum* mit einer großen Sammlung alter Werkzeuge. Den Schlüssel zum Museum verwahrt der Wirt, deshalb kann man sich diese Sammlung das ganze Jahr über anschauen, auch wenn es im Winter eisig kalt im Keller ist.

Weitere Besuchspunkte: eine *Puppenschau (am Hauptplatz | Mai–Okt. tgl. 13–17 Uhr)* mit alten Kärntner Puppen, die in szenischen Darstellungen die Geschichte der Heimatdichterin Dolores Vieser erzählen. Ein architektonisches Kleinod ist die auf einem Berg über Hüttenberg gelegene Wallfahrtskirche *Maria Waitschach*. Errichtet wurde der spätgotische Bau, in dem sich ein prächtiger geschnitzter Landschaftsaltar befindet, im 15. Jh.

LIEBENFELS [120 B3]

Ein imposanter Anblick ist die auf einem Felshügel knapp 10 km südwestlich gelegene Ruine der Burg Liebenfels, die 1333 erstmals urkundlich erwähnt wurde. Die Kirche des Orts stammt aus dem 13. Jh., die Wandmalereien in ihrem Inneren

46 | 47

sind aus dem 14. Jh. Einen Besuch wert ist das nahe gelegene *Landwirtshaus Radlwirt (Rohnsdorf 18 | Tel. 042 15/23 31 | €)*, das berühmt für seine Brettljause ist. Ganz in der Nähe befindet sich eine weitere Burgruine: *Gradenegg.*

ST. GEORGEN AM LÄNGSEE [120 B3]

Das ehemalige Benediktinerstift 5 km östlich in St. Georgen (3000 Ew.) ist das älteste erhaltene Kloster Kärntens (gegründet 1002). Wegen Bränden und Zerstörungen durch Türken und Ungarn ist das Stift heute ein Stilgemisch. Gotische und barocke Bauelemente vermischen sich mit Renaissancearchitektur zu einem reizvollen Ganzen. Führungen werden auf Anfrage durchgeführt. Im Stift selbst befindet sich die *Schloss-Pension (71 Zi. | Schlossallee 6 | Tel. 042 13/20 46 | Fax 20 46 46 | www.bildungshaus.at | €)*. Das Bauwerk liegt malerisch direkt am See, der Zentrum eines ruhigen und familienfreundlichen Feriengebiets ist. Gutes Essen und einen wunderschönen Blick auf den See und das Stift genießen Sie von der Terrasse des *Gasthofs Schratt (Töplach 5 | Tel. 042 13/21 36 | €–€€)*.

STRASSBURG [120 B2]

Von 1147 bis 1780 war Straßburg (2500 Ew., 20 km nördlich) der Sitz von 51 Bischöfen der Diözese Gurk. Deren Residenz war eine mächtige *Burg*, die das Stadtbild prägt. Heute dient sie als Ausstellungszentrum. In ihr befinden sich ein *Jagdmuseum* und eine *volkskundliche Sammlung*, die das bäuerliche Leben im Gurktal dokumentiert *(Mai–Okt. tgl. 9–17 Uhr)*. Außerdem gibt es in Straßburg mehrere alte Kirchen; hervorzuheben ist die gotische *Pfarrkirche St. Nikolaus* mit Resten eines romanischen Kerns und barocken Ausschmückungen. In der *Fleischerei Seiser* am Hauptplatz gibt es luftgetrockneten Gurktaler Speck in Spitzenqualität. Insider Tipp

TANZENBERG [120 B4]

Ein berühmtes Gymnasium, in dem unter anderem Peter Handke die Schulbank drückte, beherbergt das ehemalige Schloss Tanzenberg 7 km südlich von St. Veit. Neben einem schönen Renaissancelaubenhof ist vor allem die Kirche mit ihren Wandgemälden einen Besuch wert. Sie stammen vom zeitgenössischen Kärntner Künstler Valentin Oman. Gleich hinter dem weithin sichtbaren Bauwerk befindet sich ein lukullischer Geheimtipp: Der *Kollerwirt (Maria Saal | Affelsdorf 3 | Tel. 042 23/24 55 | €€)* ist in ganz Kärnten für seine Backhendln berühmt. Insider Tipp Auch guter Most wird in dem gemütlichen Landgasthaus serviert.

TREIBACH-ALTHOFEN [120 C2]

Es mag paradox klingen, aber der Doppelort Treibach-Althofen (4500 Ew.) 15 km nordöstlich ist zugleich Industriestandort und Kurgemeinde. Ein Bergrücken trennt die Fabriken im Ortsteil Treibach von dem Erholungsgebiet Althofen. Auf diesem Berg liegt malerisch die Altstadt von Althofen. Besiedelt war dieser Platz schon in der Urzeit. Besondere Bedeutung erhielt Althofen jedoch als Umschlagplatz für das Hüttenberger Eisen. Von der mächtigen gotischen *Burganlage* stehen

MITTELKÄRNTEN

noch der Burgfried, Teile der Stadtmauer und des Schlosses.

Auf die kulinarische Verarbeitung von Kärntner Naturprodukten ist das *Restaurant Bachler (Silberegger Str. 1 | Althofen | Tel. 042 62/38 35 | €– €€)* spezialisiert. Gut schlafen lässt

Gäste fuhren in die Sommerfrische am Wörthersee. Am Ufer entstand eine Reihe prachtvoller Jugendstilvillen und Badehäuser, die mit ihren Glasveranden und Holzbalkonen zum Inbegriff der Wörthersee-Architektur wurden. Viele sind noch erhal-

Das idyllische Straßburg war einst Residenz von Bischöfen

es sich im *Prechtlhof (25 Zi. | Schobitzer Str. 1 | Tel. 042 62/26 14 | Fax 261 74 | €–€€)* mit gutbürgerlicher Küche.

WÖRTHERSEE

[119 E–F5] ★ **Die Region um Kärntens größten Badesee mit seinen pulsierenden Orten ist das Tourismuszentrum des Landes.** Mit dem Bau der Südbahn Anfang des 20. Jhs. begann hier der Fremdenverkehr zu erblühen, die ersten

ten, aber meist in Privatbesitz. Vom Boot aus hat man den besten Blick.

Nach dem Zweiten Weltkrieg blühte der Wörthersee-Tourismus zum zweiten Mal auf. Die Wörthersee-Filmchen aus den 1960er- und 1970er-Jahren taten das Ihre, um die „österreichische Riviera" zum Treffpunkt des Jetsets werden zu lassen. Das berühmte Schloss am Wörthersee in Velden aus der gleichnamigen Serie wurde zu einem Luxushotel umgebaut.

48 | 49

WÖRTHERSEE

Dass Prominenz allein noch kein Tourismuskonzept ist, bekamen die Hoteliers am Wörthersee in den 1980er-Jahren zu spüren. Gästeschwund und Großkonkurse sowie die Kritik am schlechten Preis-Leistungs-Verhältnis brachten die Verantwortlichen dazu, sich um mehr Gemeinsamkeit und neue Ideen zu bemühen. Heute zeigt sich der Wörthersee als familienfreundliches Urlaubsgebiet mit Unterkünften in allen Kategorien. Viele Betriebe bieten mit der neuen Wörthersee-Kärnten-Card freien Eintritt in Bäder, kostenlose geführte Wanderungen und Ausflüge.

Gleichzeitig versuchen die Touristiker, durch Veranstaltungen wie die ▶▶ „Starnacht" mit Auftritten international bekannter Musiker in Pörtschach oder das Beachvolleyballturnier in Klagenfurt dem See wieder etwas vom Glanz der vergangenen Jahrzehnte zu geben. Der Prominenz gefällt die neue Eventkultur, sie trifft sich wieder an der „Karawanken-Côte-d'Azur" – auch wenn sich nicht jeder eine Flick-Villa samt Kino am See leisten kann.

■ RADTOUR UM DEN SEE

Eine leichte, familienfreundliche Rundtour führt in rund 40 km von Klagenfurt einmal um den See. Die reine Fahrzeit beträgt drei bis vier Stunden, da sich aber unterwegs immer wieder Gelegenheit zu einem Bad im See bietet, sollten Sie einen ganzen Tag einplanen.

Start ist das *Klagenfurter* Zentrum. Hier können Sie auch direkt vor dem Rathaus Fahrräder ausleihen. Am Lendkanal entlang geht es hinaus zum See, dann auf der Seepromenade weiter Richtung Krumpendorf. Kurz vor Pörtschach können Sie einen kleinen Sprung in den See machen, denn bei der Ortseinfahrt gibt es ein Badeareal, wo man keinen Eintritt entrichten muss. Für die erste Kaffeepause empfiehlt sich in *Pörtschach* die Konditorei Wienerroither an der Hauptstraße – ein kleiner Umweg, der sich besonders für Naschkatzen lohnt.

Weiter geht es Richtung Velden. Zwar verläuft der Radweg teilweise neben der Straße, aber er ist so angelegt, dass man auch mit Kindern mühe-

> MUSIK LIEGT IN DER LUFT
Der Wörthersee inspirierte Brahms und Mahler

„Am Wörthersee fliegen die Melodien, dass man sich hüten muss, keine zu treten", schwärmte Johannes Brahms. Der Komponist saß gerne auf der Veranda des Wirtshauses Weißes Rössl in Pörtschach und komponierte. Heute erinnern ein Denkmal im Schlosshotel Leonstain und ein kleines Museum an sein Schaffen, seine Musik erklingt im Sommer bei den *Brahms-Musikwochen*.

Wie Johannes Brahms zog es auch Gustav Mahler, damals Hofoperndirektor in Wien, zum Komponieren an den Wörthersee. Er verbrachte die Sommer der Jahre 1900 bis 1907 in seiner Seevilla. Zum Komponieren zog er sich in sein Komponierhäuschen im Wald zurück *(Mai–Okt. tgl. 10–16 Uhr | Wörthersee-Süduferstr. | Klagenfurt-Maiernigg)*.

MITTELKÄRNTEN

los drauflosradeln kann. Für Fans von Roy Black ist in *Velden* vor dem Schlosshotel natürlich ein Pflichtstopp einzulegen. Die Roy-Black-Büste in der Veldener Bucht ist nach einem Diebstahl wieder an Ort und Stelle. ten Maria Wörther Kirche sind Pflicht. Nach Reifnitz geht es wieder am Radweg die Straße entlang. Hier gibt es einige Einstiegsstellen in den See, die zu erholsamen Schwimmzügen einladen. Zurück

Einmal um den Wörthersee – die Tour ist auch für Familien geeignet

Wer nach 20 km nun schon genug hat, kann mit einem Schiff der Wörthersee-Flotte wieder zurück nach Klagenfurt schippern. Die Sportlichen nehmen hingegen die Süduferstraße in Angriff. Hier ist der Weg nicht so eben wie am Nordufer. Wirklich anstrengend sind die Steigungen aber nicht. Das Südufer ist wesentlich verträumter als das doch sehr verbaute Nordufer. Nach einigen Kilometern kommen Sie nach *Maria Wörth*. Eine Rast auf der Halbinsel und ein Besuch der weithin bekannnach Klagenfurt sind es jetzt nur noch wenige Kilometer.

ZIELE AM WÖRTHERSEE

MARIA WÖRTH [119 E5]

Die berühmteste Wörthersee-Ansicht ist die der Halbinsel von Maria Wörth (1100 Ew.) mit ihrer schönen romanisch-gotischen Kirche. Sie ist die mit Abstand beliebteste Heiratskirche in Kärnten. Auch viele prominente Paare aus aller Welt lassen sich hier trauen. Ein ausgezeichnetes Haus ist das *Hotel Linde (30 Zi.* |

50 | 51

WÖRTHERSEE

Maria Wörth 5 | Tel. 042 73/22 78 | Fax 25 01 | www.h-linde.at | €€€). Auf seiner ❀ Seeterrasse speist man mit tollem Blick auf den Wörthersee. Maria Wörth und die benachbarten Ortschaften liegen an der – abgesehen von zwei Wochen im Juni – ruhigeren Südseite des Sees. Vor Jahren kam nämlich ein Fremdenverkehrsmanager auf die Idee, in Maria Wörth ein Golf-GTI-Treffen zu veranstalten. Seit VW und Audi in das nun *auto-news* genannte Spektakel eingestiegen sind, läuft alles etwas geordneter ab. Lärm, Benzindunst und Autofetischisten-Ballermann ist aber immer noch ausreichend angesagt. Das Zentrum der Veranstaltung ist Reifnitz, ein Nachbarort von Maria Wörth. Dort steht auch ein aus Granit gehauener Golf-GTI. Abgesehen von diesen verrückten Tagen ist Maria Wörth und Umgebung eine beschauliche, ruhige Urlaubsgegend.

MOOSBURG   [119 E5]

Eine Moorlandschaft mit zahlreichen Teichen und Sumpfgebieten umgibt das Schloss und die Pfarrkirche aus dem 14. Jh. Das Schloss aus dem 16. Jh. ist heute Zentrum der Moosburger Sommerakademie, eines Workshops für bildnerisch-künstlerische Aktivitäten. Ausgrabungsstücke, alte Keramiken, Waffen und Schmuckstücke werden zusammen mit Flechtwerksteinen und anderen Zeugnissen der Vergangenheit im *Karolingermuseum* ausgestellt *(Krumpendorfer Str. 3 | Mitte Juni–Mitte Sept. Mo–Sa 10–12 und 15.30–18 Uhr, So 10–12 Uhr).* Außerdem gibt es in Moosburg eine von April bis Oktober befahrbare *Sommerrodelbahn.*

PÖRTSCHACH   [119 E5]

Ein typischer Fremdenverkehrsort (2700 Ew.). Bereits Ende des 19. Jhs. fanden sich der Adel und das gehobene Bürgertum hier ein. Prächtige Villen wurden gebaut. Während der Sommermonate geht es heute in diesem Ort so richtig rund, Ruhe Suchende sind eher fehl am Platz. Der Tag wird am See verbracht, die Nacht schlägt man sich in unzähligen Gaststätten, Bars und Diskos um die Ohren. Das Epizentrum dieses Treibens ist der sogenannte *Montecarlo-Platz* mitten im Ort. Inlokale sind das *Anna W.,* die *American's Bar* und das *Cecco Peppe,* alle an der Hauptstraße. Unangefochtener Szenetreffpunkt im Sommer ist eine zur Diskothek umgebaute ▶▶ Fabrik *(www.fabrik.at)* in Saag an der Straße zwischen Pörtschach und Velden.

An der Hauptstraße lädt das *Café Wienerroither* zum Besuch. Konditorei und Bäckerei mit gutem Ruf und guten Snacks *(Hauptstraße 145 | Tel. 042 72/22 61 | €–€€).* Gutbürgerliche Kost wird im *Gasthof Joainig (Kochwirtstr. 4 | Tel. 042 72/23 19 | €–€€)* serviert. First-Class-Standard mit Promifaktor bietet das Hotel ⟫ *Schloss Seefels (73 Zi. | Töschling 1 | Tel. 042 72/23 77 | Fax 37 04 | www.seefels.at | €€€).*

VELDEN   [119 D5]

Der berühmteste Touristenort Kärntens, nicht zuletzt wegen der Fernsehserie „Ein Schloss am Wörthersee". Das Schloss ist mittlerweile ein Luxushotel. Rund um das eigentliche Schloss wurden moderne Zubauten errichtet. Das Schloss stammt aus dem 16. Jh. und wurde 1920 umge-

> *www.marcopolo.de/kaernten*

MITTELKÄRNTEN

baut. Sehenswert in Velden sind mehrere Jugendstilvillen der sogenannten Wörthersee-Architektur. Ansonsten ist Velden (8500 Ew.) mit dem Spielkasino, einem Golfplatz, unzähligen Restaurants, Hotels, Bars und Diskos der Inbegriff eines mondänen, abwechslungsreichen Sommertourismusortes. Beliebte Intreffs sind das *Roys,* das *Schinakel,* der *Monkey Circus* sowie die Disko *Crazy Bull,* alle im oder nahe dem Zentrum. Der ❄ Gastgarten der Bar und des Restaurants im *Kasino (Am Corso 17 | Tel. 042 74/ 206 45 05 | €€–€€€)* bietet den besten Blick auf vorbeirollende Schlitten und flanierende Schönheiten – und das bei einer ausgezeichneten Küche im neuen Gastronomietrakt des Kasinos. Der gutbürgerliche *Marienhof (25 Zi. | Marienhofweg 1 | Tel. 042 74/265 20 | Fax 26 52 44 | www.landhotel-marienhof.at | €–€€)* liegt etwas außerhalb des Zentrums. Eine nette Frühstückspension ist das Gästehaus *Rauchenwald* in der Veldener Bucht *(14 Zi. | Seecorso 36 | Tel. 042 74/26 12 | Fax 26 12 27 | €–€€).* Das *Sonnenhotel Parkvillen (125 Zi. | Seecorso 68 | Tel. 042 74/229 80 | Fax 229 89 | www.sonnenhotels.de | €€€)* und das *Seeschlössl (14 Zi. | Klagenfurter Str. 34 | Tel. 042 74/28 24 | Fax 28 24 44 | www.seeschloessl.at | €€€)* befriedigen auch höchste Ansprüche.

AUSKUNFT

Villacher Str. 19 | Tel. 042 74/38 28 80 | Fax 382 88 19 | www.woerthersee.com

Schloss Seefels: Ausspannen geht natürlich auch auf höchstem Niveau und mit Promifaktor

52 | 53

> ROSENTAL, GAILTAL UND LESACHTAL

Eingeschlossen zwischen markanten Gebirgszügen liegen die idyllischsten Gegenden Kärntens

> **Das Rosental, das bei Villach beginnt und sich dem Verlauf der Drau folgend nach Osten hin fortsetzt, ist das meistbesungene Tal Kärntens.**

Im Süden ragen die steilen Zinnen der Karawanken wild empor, aber das Tal ist der Inbegriff einer sanften, harmonischen, fast poetischen Landschaft. Dieses Tal ist eines jener Gebiete, wo die slowenische Volksgruppe relativ stark vertreten ist. Abgesehen von der ältesten Produktionsstätte für Gewehre Österreichs, der Büchsenmacherstadt Ferlach, einem industriellen Zentrum, gibt es im Rosental keine größere Ortschaft. Das ländliche Gebiet mit vielen kleinen Dörfern und hauptsächlich landwirtschaftlicher Nutzung hat sich gegen Autobahnen und Hochleistungseisenbahnen erfolgreich abgeschottet und sich seinen Charme erhalten. Davon profitieren die Fremdenverkehrswirtschaft und natürlich auch

Bild: Gerlitzen im Lesachtal

SÜD KÄRNTEN

die Gäste. Dass die Drau im Rosental so ruhig und träge dahinfließt, ist nicht nur darin begründet, dass das Tal sehr sanft abfällt. Hier hat die Austrian Hydro Power etliche Staumauern errichtet, um Kraftwerke zu betreiben. Besonders jene Urlauber, die das Fischen zu ihrem Freizeitvergnügen gemacht haben, finden hier reiche Beute.

Ähnlich dem Rosental ist das Gailtal, das sich von Villach aus nach Westen erstreckt. Eingeschlossen zwischen den Karnischen Alpen im Süden – der Grenze zu Italien – und den bizarren, mächtigen Kalkfelsen der Gailtaler Alpen im Norden liegt das Gailtal, unterteilt in das obere und das untere Gailtal. Und nicht zuletzt ist das Gailtal eine Feinschmeckerregion: Zahlreiche Bauern und Betriebe garantieren für die Qualität des berühmten Gailtaler Specks und Almkäses.

FERLACH

Und es gibt all das, was Urlauber suchen: Ruhe, reine Luft und eine prächtige Landschaft, die in einem ganz besonderen Licht erstrahlt. Dieses Licht lockte auch viele Maler ins Gailtal. Nicht ohne Grund war Lesachtal wurde als umweltfreundlichstes und naturbelassenstes Tal Europas ausgezeichnet. Ein Gebirgstal, in dem man noch heute unverfälscht den ländlichen Alltag erleben und erfahren kann.

Bäuerlichen Alltag unverfälscht erleben – im naturbelassenen Lesachtal

Nötsch im Gailtal zwischen den beiden Weltkriegen das Zentrum der österreichischen Kunst. Anton Kolig, Anton Mahringer und Franz Wiegele sind nur einige Namen, die für wichtige Akzente in der modernen Kärntner Malerei stehen. Die relative Abgeschiedenheit des Gailtales führte dazu, dass in den Zeiten der Reformation und Gegenreformation diese Gegend zu einem Zufluchtsgebiet für verfolgte Protestanten wurde. Vom Gailtal weiter Richtung Westen geht es ins Lesachtal. Das abgeschiedene

Zwischen den sanften Südkärntner Tälern breitet sich die Stadt Villach aus, ein Knotenpunkt im internationalen Verkehr. Und die Villacher sind sehr stolz darauf, dass ihre Stadt am Schnittpunkt dreier Kulturen liegt, der slowenischen, der italienischen und der österreichischen.

Von Villach aus in Richtung Nordosten gelangt man zum Ossiacher See. Das drittgrößte stehende Gewässer Kärntens ist ein Badesee mit allen touristischen Annehmlichkeiten. In den kleinen Orten an seinem Ufer

> www.marcopolo.de/kaernten

SÜDKÄRNTEN

geht es nicht so laut zu wie am Wörthersee. Ossiach, wo das zweitälteste Benediktinerstift des Landes steht, ist das Zentrum des Carinthischen Sommers. Das traditionsreichste Kulturfestival Kärntens lockt im Juli und August Tausende Musikbegeisterte zu einer Vielzahl von klassischen Konzerten.

FERLACH

[120 B5] Im 13. Jh. wurde Ferlach (8000 Ew.) am Nordfuß der Karawanken erstmals urkundlich erwähnt. Von hier aus führt die steile Loiblpassstraße nach Slowenien. Die von den Karawanken herunterstürzenden Bäche haben eine kleine, aber leistungsfähige eisenverarbeitende Industrie begünstigt. Schon im 16. Jh. haben sich die Ferlacher auf das Büchsenmachen spezialisiert, für das sie und ihr Ort in aller Welt berühmt sind. Die Blütezeit der Ferlacher Waffenproduktion war im 18. Jh. Damals versorgten die Büchsenmacher aus Südkärnten das österreichische Heer. Ihre Produkte wurden nach ganz Europa exportiert. In Spanien, Italien und Ungarn waren die Ferlacher Waffen ebenso geschätzt wie in Frankreich, der Türkei und im Vatikan. Aus der einst kaiserlich-königlichen Fachschule für Gewehrindustrie entwickelte sich im Lauf der Jahre eine höhere technische Lehranstalt, in der Waffentechnik noch immer an erster Stelle steht.

Heute rüsten die Ferlacher keine Armeen mehr aus, vor allem Jäger und Waffensammler sind die Kunden. Die hohe Qualität der Jagdgewehre mit ihren überaus kunstvollen Gravuren macht sie zu begehrten Liebhaberstücken, die ihren Preis haben. Eine reich verzierte Ferlacher Jagdbüchse gilt unter Sammlern so viel wie ein Rolls-Royce unter Autonarren und kostet ab 6000 Euro. Auch der spanische König Juan Carlos I. ist Stammkunde bei den Büchsenmachern.

Ferlach ist ein guter Ausgangspunkt für die Rosentaler Schlösserstraße: Vier der schönsten Schlösser und Burgen Kärntens öffnen ihre Tore für Besucher. Und von Ferlach aus lässt sich auch mit dem *historischen Dampfbummelzug* (Juli–Mitte

MARCO POLO HIGHLIGHTS

★ Villach
Reisende, Kurende und Kunstkenner kommen an Villach nicht vorbei (Seite 64)

★ Ossiach und Ossiacher See
Im Stift erklingt im Sommer Musik – im, am und um den See ist immer etwas los (Seite 72)

★ Tscheppaschlucht
Wasserfälle säumen den Wanderweg durch dieses Naturdenkmal (Seite 60)

★ Landskron
Wo Adler fliegen und Ritter speisen (Seite 72)

★ Maria Luggau
Ein Wallfahrtsort im naturbelassensten Tal Europas (Seite 62)

56 | 57

FERLACH

Sept. Sa und So, Fahrplan in der Tourismusinfo) das Rosental erkunden.

SEHENSWERTES

BIENENMUSEUM

Eine Reise in die Welt der Carnicabiene, die Imker wieder im Rosental heimisch gemacht haben. *Kirschentheuer (3 km westlich), April–Juni und Sept. Sa/So, Juli/Aug. Di–So 13–18 Uhr*

BÜCHSENMACHERMUSEUM

Im Ferlacher Schloss im Zentrum sind die Entstehungsstufen der Ferla-

cher Gewehre und die Geschichte der Feuerwaffenproduktion zu sehen. *Mitte Okt.–Mitte Mai Di–Fr 14–18 Uhr; Mitte Mai–Mitte Okt. tgl. 10–18 Uhr*

ESSEN & TRINKEN ÜBERNACHTEN

KÄRNTNER GASTHOF ANTONITSCH

Kärntner Schmankerln, wie sie sein sollen. Die Gäste dürfen ihren Wein selbst aus dem schönen Keller holen. *Glainach 12 | Tel. 042 27/22 26 | €€*

AUF DER HUABN

Nördlich von Ferlach gelegenes Restaurant. Ausgezeichnete, bodenständige Küche, gute Jause aus eigener Produktion. Das Haus von Lorenz Plasch ist auch eine Pension. Es liegt direkt am Drauradweg und ist somit ein ideales Basislager für Radtouristen. *20 Zi. | Ressnig 17 | Tel. 042 27/237 00 | Fax 23 70 50 | www.gasthofplasch.at | €*

LANDGASTHOF PLÖSCHENBERG

Ideal für Familien, auch 14 Zimmer, teilweise mit Aussicht auf das Rosental. Produkte aus eigener Landwirtschaft. *Plöschenberg 4 | Köttmannsdorf | Tel. 042 20/22 40 | Fax 260 21 | www.ploeschenberg.at | €–€€*

AUSKUNFT

Sponheimerplatz 1 | Tel. 042 27/51 19 | Fax 49 70 | www.carnicarosental.at

ZIELE IN DER UMGEBUNG

BODENTAL [120 A6]

10 km südwestlich führt auf halber Höhe zum Loiblpass eine Seitenstraße in das landschaftlich überaus

>LOW BUDGET

> Fährt man von St. Margarethen im Rosental Richtung Zell Pfarre, gelangt man nach Freibach [120 C5]. Ein idyllischer Stausee lädt hier zu einem Sprung ins Wasser. Eintritt wird nicht kassiert. Der See, gespeist von einem Gebirgsbach, ist auch im Sommer äußerst erfrischend kühl. Am See gibt es den *Stauseewirt (Homölisch 6 | Tel. 042 26/300 | €)*, der berühmt für seine Forellengerichte ist

> Meist muss man beim Besuch von Naturdenkmälern in die Börse greifen, die Trögerner Klamm [120 C6] nahe Bad Eisenkappel hingegen durchwandert man kostenlos.

> Im Park des Galerieschlosses *Walker* [120 A5] in Ebenau *(www.galeriewalker.at)* sind Skulpturen und Objekte international renommierter Künstler zu sehen. Ein lauschiger, romantischer Fleck zum Verweilen. Der Besuch der Galerie im Schloss kostet für Erwachsene nur 4 Euro.

SÜDKÄRNTEN

reizvolle Bodental. Dieses Gebirgstal ist der Inbegriff eines ruhigen Wandergebietes, eine Gegend, wo man die Seele baumeln lassen kann. Aber auch der Magen kommt zu seinem Recht: Im *Gasthof Sereinig (Bodental 40 | Tel. 042 27/63 00 | €)* gibt es gutbürgerliche Küche und traditionelle Kärntner Gerichte.

zeit zweieinhalb bis drei Stunden. Beide Gasthöfe am Weg sind gleichermaßen empfehlenswert, der Bodenbauer ist aber uriger.

HOLLENBURG [120 A5]

8 km südlich von Klagenfurt erhebt sich nordwestlich von Ferlach am Nordufer der Drau die Hollenburg,

Im Bodental kann man auf langen Wanderungen zur Ruhe kommen

Der Gasthof ist Ausgangspunkt für einen gemütlichen Nachmittagsausflug zur sogenannten *Märchenwiese*, den auch kleine Kinder mitgehen können. Ein sehr sanfter Weg führt zum *Gasthof Bodenbauer*. Gemächlich können Sie dann, eingebettet in einem wundervollen Bergambiente, zur Märchenwiese spazieren. Je nach Jahreszeit wachsen dort prächtige Blumen. Insgesamt beträgt die Geh-

eine Mischung aus schlichter mittelalterlicher Architektur und neuzeitlichen Ausschmückungen. Von dieser Burg aus, die sich in Privatbesitz befindet, eröffnet sich ein wunderschöner Ausblick über das Rosental, denn ein Aussichtsbalkon ist zugänglich.

KEUTSCHACHER SEENTAL [120 A5]

Zwischen dem Rosental und dem Wörthersee liegt 20 km nordwestlich

58 | 59

FERLACH

von Ferlach das landschaftlich reizvolle Keutschacher Seental, ein beliebtes, beschauliches Feriengebiet. Der *Rauschele-,* der *Keutschacher* und der *Hafner See* laden ein zum Sprung ins kühle Nass. Am Südufer des Keutschacher Sees bei *Dobein* befinden sich traditionelle FKK-Bäder mit Campingplätzen. Gleich bei diesen vorbei führt eine Straße in ein kleines Tal. Dort gibt es mehrere Buschenschänken, wo Bauern köstlichen Most und typische Kärntner Brettljausen anbieten.

Der Hauptort des Tales ist *Keutschach.* Das *Keutschacher Schloss* aus dem 16. Jh. beherbergt jetzt das Gemeindeamt. Dort finden Konzerte und Ausstellungen statt. Die *Pfarrkirche* ist im Ursprung eine romanische Pfeilerbasilika. Bemerkenswert sind vor allem die Steine an der Außenwand, die vorromanische Ritzzeichen aufweisen. Mit eigenem Badestrand am Keutschacher See und einer Küche mit Produkten vom eigenen Hof wartet die *Gasthof-Pension Allesch* auf *(28 Zi. | Keutschach-Plescherken 6 | Tel. 042 73/24 21 | Fax 36 45 | €).*

TSCHEPPASCHLUCHT ⭐ [120 A6]
Ein gesicherter Steig führt durch dieses atemberaubende und wildromantische Naturdenkmal 5 km südlich. Vorbei an brausenden Wasserfällen marschiert man rund 1,2 km durch die Schlucht. Festes Schuhwerk ist unbedingt erforderlich. Am Ende der Schlucht, beim Tschaukofall (26 m), kann man die Wanderung ins Bodental fortsetzen (5 km) oder mit einem Autobus an den Ausgangspunkt in Unterloibl zurückkehren. *Die Schlucht ist von Mai bis Okt. begehbar.*

WILDENSTEINER WASSERFALL [120 C5]
Mit jedem Schuhwerk ohne hohe Absätze kann man diese Naturschönheit 25 km östlich aufsuchen, ein gemütlicher Waldspaziergang, auch für

Das Wasser rauscht, die Knie zittern: Hängebrücke in der Tscheppaschlucht

SÜDKÄRNTEN

kleine Kinder und Wandermuffel gut geeignet. Ein paar Kilometer von Gallizien finden Sie den gut beschilderten Ausgangspunkt für den hauptsächlich schattigen Wandersteig. Großteils über angelegte Stufen führt der Weg bergauf. Nach einer guten halben Stunde ist man beim eindrucksvollen Wasserfall inmitten des Waldes.

HERMAGOR

[117 E6] Hermagor liegt an der Einmündung des Gitschtales in das Gailtal. Besiedelt ist die Gegend von Hermagor schon seit dem 10. Jh., aber plündernde Türken und Ungarn haben die Stadt im Mittelalter mehrfach verwüstet. In der Neuzeit setzten etliche Feuersbrünste der Stadt zu. Daher hat Hermagor, das seinen Namen dem Kirchenpatron Hermagoras verdankt, außer der ihm geweihten Kirche keine besonderen Sehenswürdigkeiten zu bieten. Hermagor, erst 1930 zur Stadt erhoben, ist heute als Bezirkshauptstadt das Verwaltungs- und Einkaufszentrum des Gailtales.

Die 8000-Ew.-Stadt ist eingebettet in eine herrliche, bäuerliche Kulturlandschaft. Ein paar Kilometer entfernt, Richtung Villach, liegt in einem breiten Schilfgürtel der kleine, aber feine *Pressegger See,* ein Idealplatz für Ruhe suchende Badeurlauber, die auch ab und zu die Wanderschuhe anziehen wollen, denn die weite Talsohle und die sanften Bergrücken sind prädestiniert für kurze oder längere Märsche. Wer stattdessen lieber radeln will, ist hier auch in der richtigen Gegend. 150 km lang ist der Radweg im Tal, der ohne große

Steigungen verläuft. Auf die Suche nach Wasseradern und seiner eigenen Wahrnehmungsfähigkeit kann man sich auf dem *Wünschelrutenweg* machen *(Tel. 042 82/20 69).*

■ SEHENSWERTES

PFARRKIRCHE ST. HERMAGORAS UND FORTUNAT

Sie war im 9. Jh. eine der ältesten Pfarreien des Landes, eingerichtet vom Bischof von Aquileia. Vom spätgotischen Kern der Kirche ist nicht mehr viel übrig. *Am Kirchplatz*

■ EINKAUFEN

In Hermagor befindet sich die *Rucksack- und Taschenfabrik Essl.* Deshalb gibt es in der *Villacher Str. 1* ein Geschäft, in dem Sie alle Arten von Taschen, Koffern und Rucksäcken zu stark ermäßigten Preisen kaufen können.

Insider Tipp

■ ÜBERNACHTEN

FAMILIEN-FERIENDORF PRESSEGGER SEE

Für diese gelungene Anlage, bestehend aus 16 Apartmenthäusern, bekam der Architekt einen Kulturpreis. *Pressegger See 7 | Tel. 042 82/446 09 | Fax 446 09 44 | www.familienferien dorf.at | €€–€€€*

GUT LERCHENHOF

Traditionsreicher Gutshof mit familiärer Atmosphäre und Produkten vom eigenen Bauernhof. *21 Zi. | Untermöschach 8 | Tel. 042 82/21 00 | Fax 210 09 | www.lerchenhof.at | €–€€*

■ AUSKUNFT

Hauptstr. 14 | Tel. 042 82/31 31 | Fax 31 31 31 | www.naturarena.at

HERMAGOR

■ZIELE IN DER UMGEBUNG■

GAILTALER HEIMATMUSEUM [117 E6]

Im *Schloss Möderndorf,* 2,5 km von Hermagor auf der anderen Seite des Flusses Gail, ist das Gailtaler Heimatmuseum untergebracht. Hier befindet sich eine kleine ethnologische Sammlung zum bäuerlichen Leben der Region. Prunkstücke des Museums sind zwei Luther-Bibeln aus dem 16. Jh. und ein 290 Mio. Jahre altes Baumfossil aus den Karnischen Alpen. *Juli–Sept. Di–So 10–17 Uhr, Mai/Juni Di–Fr 10–17 Uhr*

KÖTSCHACH-MAUTHEN [116 C5]

Einst war der Doppelort (4000 Ew.) 30 km westlich von Hermagor am westlichen Ende des Gailtales ein wichtiger Schnittpunkt am Alpenübergang von Italien über den Plöckenpass weiter über den Großglockner nach Salzburg. Schon zu Zeiten der Römer wurde diese Route als Handelsweg benützt. Vor ihnen zogen die Veneter hier vorbei nach Norden. Venetische Felsinschriften, die auf einer nahen Alm gefunden wurden, zählen zu den ältesten Schriftdenkmälern Österreichs. In Kötschach stehen eine spätgotische *Hallenkirche* und ein ehemaliges *Servitenkloster.* In Mauthen befindet sich die *Markuskirche* mit einem romanischen Kern. Bemerkenswert sind die Außenfresken mit frommen Szenen aus dem frühen 16. Jh. Ein kleines, familiäres Landhotel ist der *Landhof Lenzhofer (13 Zi. | Gundersheim | Tel. 047 18/337 | Fax 33 74 | www.landhof-lenzhofer.at | €€)* mit eigenem Naturschwimmbad und ausgezeichneter Küche. Tolle Wochenpauschalen! Ein Hotel in ländlichem Idyll, das kulinarisch und wellnessmäßig alle Stückerln spielt, ist das Schlank-Schlemmer-Hotel Kürschner *(36 Zi. | Schlanke Gasse 74 | Tel. 047 15/259 | Fax 349 | www.hotel-kuerschner.at | €€€).*

Ein besonderer Tipp zum Essen ist das *Restaurant Kellerwand (Mauthen 24 | Tel. 047 15/269 | €€€),* ein von Gourmetkritikern ausgezeichnetes Haus unter der Führung von Sissy Sonnleitner.

Friedenswege nennt sich das Freilichtmuseum auf dem Plöckenpass, wo im Ersten Weltkrieg blutige Kämpfe zwischen italienischen und österreichischen Truppen stattfanden. Ehemalige Gefechtsstellungen in den Kalkfelsen wurden restauriert. *Das Freilichtmuseum ist immer zugänglich.*

In Verbindung mit der Anlage am Pass steht das *Museum 1915–1918* **Inside Tip!** *(Mitte Mai–Mitte Okt. Mo–Fr 10–13 und 15–18 Uhr, Sa/So 14–18 Uhr)* im Rathaus von Kötschach-Mauthen. Ausrüstungsgegenstände und andere Fundstücke dokumentieren das Leben und Sterben der einfachen Soldaten.

MARIA LUGGAU ★ [116 B5]

Durch das malerische Lesachtal, das die westliche Fortsetzung des Gailtales ist, gelangt man nach rund 55 km zu dem bekannten Wallfahrtsort Maria Luggau. Die *Kirche Maria Schnee* wurde von einer Bäuerin im 16. Jh. gegründet. Das ganze Jahrhundert wurde an dem Bau gearbeitet. Im 18. Jh. wurde die Kirche barockisiert. Bemerkenswert ist ein spätgotisches Gnadenbild. Ein familiäres Hotel mitten im historischen

> *www.marcopolo.de/kaernten*

SÜDKÄRNTEN

Ortskern ist die *Pension Paternwirt (15 Zi. | Maria Luggau 30 | Tel. 047 16/288 | Fax 288 55 | www.tiscover.at/paternwirt | €)*.

Das Lesachtal wird auch das Tal der 100 Mühlen genannt. In einem *Freilichtmuseum in Oberluggau* sind vier schöne Beispiele dieser bäuerlichen Gebäude zu sehen. Dort wird auch heute noch Korn gemahlen *(im Sommer am Fr oder Sa, Termine beim Mühlenverein | Tel. 047 16/269)*. Ansonsten kann man sich jederzeit die Mühlen von außen ansehen.

Wunderschön hat sich im fast unberührten Lesachtal die Bauernhausarchitektur erhalten. Grundlagen bäuerlicher Arbeiten wie das Zaunflechten oder das Herstellen von Dachschindeln kann man in der *Almakademie (Tel. 047 16/597 und 06 76/504 91 69 | 3-Std.-Kurs 21 Euro)* erlernen. Rund um das Mineralheil- und Tuffbad in *St. Lorenzen* ist Kärntens ==Erstes Alm-Wellness-Hotel== *(50 Zi. und Apartmentholzhäuser | Tuffbad 3 | Tel. 047 16/622 | Fax 622 55 | www.almwellness.com | €€–€€€)* entstanden: Angeboten werden u.a. Bäder nach alten Bauernregeln in Heu, Brotdunst und Kräuterdampf. Ein Erlebnis der besonderen Art ist die ▶▶ Mega-Dive-Riesenschaukel *(www.fitundfun-outdoor.com)* unter der Podlanigbrücke bei Birnbaum. In luftiger Höhe wird mit abwitziger Geschwindigkeit geschaukelt.

Insider Tipp

NASSFELD [117 E6]

Gleich hinter Hermagor führt die kurvige Bundesstraße 90 nach rund 20 km auf das Nassfeld, über dem sich der mächtige Bergstock des *Gartnerkofels* (2195 m) erhebt. An

In Südkärnten kann man sich's gutgehen lassen – z.B. im Restaurant Kellerwand

VILLACH

seinen Hängen wächst die seltene Blume Wulfenia, die unter Naturschutz steht. Das Nassfeld ist im Sommer ein prächtiges Bergwandergebiet, im Winter Kärntens größtes Wintersportzentrum. Mitten in saftigen Almen, wo sonst nur Schutzhütten stehen, liegt das *Hotel Burghof (40 Zi. | Sonnenalpe Nassfeld 1 | Tel. 042 85/827 10 | Fax 82 74 71 | €€)*, direkt an der Piste das Hotel *Wulfenia (65 Zi. | Nassfeld 7 | Tel. 042 85/81 11 | Fax 81 24 | www.wulfenia.at | €€€)*. Unmittelbar neben der Talstation der Millenniumsbahn befindet sich das neuartige Jugendhotel *Cube (115 Zi. | Tröpolach 152 | Tel. 042 85/841 20 | Fax 841 20 30 | www.cube-hotels.com | €–€€)*. Statt Ruhe und Erholung sind hier Fun und Action angesagt. Das Haus ist für Snowboarder und Holiday-Hip-Hopper maßgeschneidert.

WEISSENSEE [117 E5]
Durch das Gitschtal gelangt man 20 km nördlich von Hermagor zum idyllisch gelegenen Weißensee. Er ist der viertgrößte Kärntner Badesee, zugleich der am höchsten gelegene (930 m) und der kühlste. Wohltuend von den anderen großen Seen in Kärnten unterscheidet er sich dadurch, dass seine Ufer nicht „verhüttelt" sind. Rund um den Weißensee laden insgesamt rund 140 km lange Wanderwege zum Spaziergang ein. Im Winter ist er verlässlich ein riesiger Eislaufplatz. Die 11-Städte-Tour *(Elfstedentocht)*, an der Tausende Eisläufer aus Holland teilnehmen, wurde wegen des Eismangels in Holland hierher verlegt. Denn der Weißensee bietet allwinterlich Eisgarantie.

VILLACH

KARTE IN DER HINTEREN UMSCHLAGKLAPPE

[118 C5] ★ **Die zweitgrößte Stadt Kärntens (55 000 Ew.) wird auch die Eisenbahnerstadt genannt. Hier kreuzen sich die Südbahnstrecke von Wien, die Tauernstrecke von Salzburg und die Schienenstränge, die nach Italien und Slowenien führen.** Ein Gutteil der Villacher lebt direkt oder indirekt von der Bahn. Auch die großen Straßenverbindungen treffen sich in Villach. Vom Autobahnkreuz im Osten gehen die Routen weiter nach Italien und durch den Karawankentunnel nach Slowenien. Villach ist zudem die Faschingshauptstadt Österreichs. Die

> WULFENIA
Die blaue Blume Kärntens

In Südkärnten gibt es eine florale Besonderheit: An den Hängen des Gartnerkofels, eines Berges im Gailtal, wächst die Wulfenia. Sie wurde benannt nach dem Freiherrn von Wulfen, der diese Blumenart 1779 entdeckte. Diese blau blühende Blume, die sonst nur noch im jugoslawischen Montenegro und am Himalaja vorkommt, steht selbstverständlich unter Naturschutz; zu sehen ist sie für Touristen in den Alpengärten, zum Beispiel auf dem Dobratsch bei Villach.

SÜDKÄRNTEN

traditionellen Karnevalssitzungen der Narrengilde werden alljährlich im Fernsehen übertragen und verzeichnen stets Rekordquoten. Villach richteten zwei schwere Erdbeben (1348 und 1690) und zahllose Großbrände an. Im Zweiten Weltkrieg war Villach wegen seiner strategisch

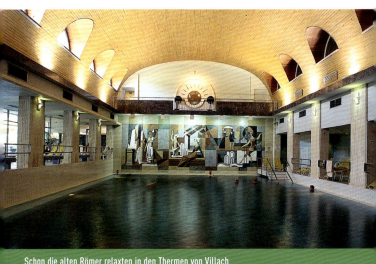

Schon die alten Römer relaxten in den Thermen von Villach

wird auch „Draustadt" genannt; der Hauptfluss Kärntens, die Drau, fließt mitten durch die Stadt. Auf ihr verkehrt in den Sommermonaten ein Ausflugsschiff.

Schon in der Bronzezeit war die Gegend am Fuß des Villacher Hausbergs Dobratsch (2166 m) besiedelt. Auch eine Römerstadt wurde hier gegründet. 1240 wird Villach als Stadt urkundlich erwähnt. Die Befestigungsanlage in einer Schleife der Drau war weithin berühmt. Heute finden sich davon nur noch Reste. Eine Blüte erlebte die Stadt im 16. Jh. Den lutherischen Reformideen gegenüber waren die Villacher sehr aufgeschlossen. Große Schäden

wichtigen Lage ein bevorzugtes Ziel der alliierten Bomberverbände. Kaum eine andere Stadt in Österreich wurde so zerstört. Durch all diese Katastrophen ging sehr viel von der mittelalterlichen Bausubstanz verloren. Dennoch ist Villach immer noch eine sehenswerte Stadt mit viel Charme.

Villach besitzt auch ein Thermengebiet: *Warmbad Villach* am Südwestrand der Stadt ist eine wegen seiner ausgezeichneten Kurhotels gern besuchte Erholungsstätte. Gekurt haben schon die alten Römer in Villach. Heute gibt es ein öffentliches Hallenbad und zwei Freibäder mit verschiedenen Einrichtungen für das 30 Grad warme Wasser.

64 | 65

VILLACH

SEHENSWERTES

FAHRZEUGMUSEUM

Im Villacher Fahrzeugmuseum werden nicht die ältesten und kostbarsten Stücke der Automobilgeschichte gezeigt, sondern die Vehikel des kleinen Mannes. *Ferdinand-Wedenig-Str. 9 | Villach-Zauchen | Hochsaison tgl. 9–17 Uhr, Nebensaison 10–12 und 14–16 Uhr | www.oldtimermuseum.at*

HAUPTPFARRKIRCHE ST. JAKOB

Der frei auf romanischem Grundstock stehende Kirchturm ist mit 94 m der höchste Kärntens. Sehenswert im Inneren sind eine Schutzmantelmadonna aus dem späten 14. Jh. und prächtige Grabmäler in den Seitenkapellen. *Am Hauptplatz*

HAUPTPLATZ

Die große, mittelalterliche Anlage mit den zahlreichen Bürgerhäusern zeugt von der ehemaligen Bedeutung der reichen Stadt als Handelszentrum. Wunderschön ist der Paracelsushof mit Säulenarkaden im Haus Nr. 18. Der berühmte Arzt, Alchimist und Naturforscher machte Villach zu seiner Wahlheimat. Viele Straßencafés laden während des Altstadtbummels zur Pause ein.

KÄRNTENRELIEF

Im Schillerpark befindet sich ein Relief des gesamten Bundeslandes Kärnten. Mit 200 m^2 ist es die größte Geoplastik Europas. *Mai–Okt. Mo–Fr 10–16.30 Uhr*

NAPOLEONWIESE

Auf dieser Wiese oberhalb vom Warmbad Villach sieht man heute noch, dass Villach schon in der Antike ein Straßenverkehrsknotenpunkt war. Teile einer Römerstraße sind dort noch vorhanden. Und dass schon vor den Römern eine Siedlung aus der Hallstattzeit (700–450 v. Chr.) hier gestanden haben muss, belegen Hügelgräber aus dieser Epoche. Den Namen Napoleonwiese erhielt dieser Fleck, weil der Kaiser der Franzosen während der Besatzungszeit (1797–1813) hier einen Park anlegen wollte. Am unteren Rand der Napoleonwiese entspringt zur Zeit der Schneeschmelze das *Maibachl,* eine warme Quelle, in die viele Villacher vorzeitig die Badesaison eröffnen.

PFARRKIRCHE HEILIGENKREUZ

Im 18. Jh. errichteter barocker Bau. Auch die Ausschmückung im Inneren stammt aus dieser Zeit. Diese Kirche ist zwar der bedeutendste, weil reinste sakrale Barockbau Kärntens, aber nicht der prächtigste. *Ossiacher Zeile, in der Nähe der Drau*

PUPPENMUSEUM HINTERMANN

In Vassach, einem Dorf am Nordrand von Villach, wird eine große Auswahl von Porzellanpuppen zeitgenössischer Puppenmacherinnen gezeigt. *Vassacher Str. 65 | Juni–Sept. Mo–Fr 10–18 Uhr, Sa 10–17 Uhr, Juli/Aug. auch So 10–17 Uhr*

Insider Tip

REINHARD-EBERHART-MUSEUM

Das *rem* ist mit Sicherheit das skurrilste Museum Kärntens. Der Ideengroßindustrielle, Zeitgeistdesigner und Faschingsgeneralintendant Reinhard Eberhart stellt hier sich selbst, seine Kunstobjekte und Aktionen aus. Übrigens: Wer mit diesem MARCO POLO Reiseführer ins Mu-

> *www.marcopolo.de/kaernten*

SÜDKÄRNTEN

Insider Tipp

seum kommt, wird in der Museums-
küche auf einen Kaffee eingeladen.
Halli-Hallo-Platz 1 | Villach-St. Ru-
precht | Mo–Do 8.30–13.30 Uhr, Ter-
mine außerhalb der Geschäftszeiten
können unter Tel. 06 64/301 11 00
erfragt werden | www.rem.at

STADTMUSEUM

Viele Schaustücke von der Jung-
steinzeit bis zur Gegenwart sind im
Villacher Stadtmuseum zu sehen.
Widmanngasse 38 | Mai–Okt. Mo–Sa
10–16.30 Uhr

▮ ESSEN & TRINKEN ▮

BRAUHOF

Hausmannskost und Kärntner Spezialitäten. Das Bier kommt aus der
Villacher Brauerei gleich um die
Ecke. *Bahnhofstr. 8 | Tel. 042 42/*
242 22 | €

KAUFMANN & KAUFMANN

Ein kärntnerisches Bistro mit italie-
nischem Einfluss; gute Weine. *Die-*
trichsteingasse 5 | Tel. 042 42/258 71
| €€

TRASTEVERE

Bester Beweis für die Italiennähe
von Villach. Schöner Innenhofgar-
ten, günstige Mittagsmenüs. *Wid-*
manngasse 30 | Tel. 042 42/21 56 65
| €–€€

WIRT IN JUDENDORF

Ein Vorzeigewirtshaus etwas außerhalb der Stadt mit guter Küche. *Ju-*
dendorferstr. 24 | Tel. 042 42/565 25 |
€–€€

▮ EINKAUFEN ▮

Villach ist eine Einkaufsstadt. In der
Altstadt gibt es viele Boutiquen und

Schmucke Bürgerhäuser säumen den Hauptplatz von Villach

VILLACH

Modegeschäfte. Am Mittwoch- und am Samstagvormittag ist *Bauernmarkt* in der Markthalle und am Gelände an der Drauländer. Ein *Biomarkt* findet jeden Freitag ab 13 Uhr auf dem Hans-Gasser-Platz statt. An der Westausfahrt von Villach steht das größte Einkaufszentrum Kärntens, das *Atrio*. Auf aus Österreich und dem gesamten Alpen-Adria-Raum zeigt. Ein außergewöhnlicher Ausstellungsort ist das *KunsthausSudhaus* der Villacher Brauerei. Im ehemaligen Industriebau wurde auf mehreren Etagen ein riesiger, aber verwinkelter Raum für sehenswerte Ausstellungen geschaffen.

Romantik-Hotel Post: lauschig draußen sitzen und eine hervorragende Küche genießen

mehr als 30000 m² befinden sich rund hundert Geschäfte.

GALERIEN

Moderne Kärntner und österreichische Kunst kann man in mehreren Galerien in Villach sehen. Die wichtigsten: *Galerie Unart* in der *Widmanngasse 21* sowie die städtische *Galerie Freihausgasse*, in der gleichnamigen Straße, die moderne Kunst

ÜBERNACHTEN

GOLDENES LAMM
Der Kern des zentral gelegenen Hotels stammt noch aus dem 15. Jh. *24 Zi. | Hauptplatz 1 | Tel. 042 42/ 241 05 | Fax 241 05 56 | www.goldenes lamm.at | €€*

JOSEFINENHOF
Mitten in einer Parkanlage im Thermengebiet gelegenes Kurhotel. *61 Zi.*

> www.marcopolo.de/kaernten

SÜDKÄRNTEN

| Warmbad Villach | Kadischen Allee 8 | Tel. 042 42/300 30 | Fax 300 30 89 | www.beautyfarmhotel.at | €€€

GASTHOF KRAMER
Freundliches, ruhiges Familienhotel. 43 Zi. | Italienerstr. 14 | Tel. 042 42/ 249 53 | Fax 24 95 33 | www.hotel gasthofkramer.at | €€

HOLIDAY INN 🔊
Das neueste Hotel der Stadt, direkt an der Drau neben dem Congress-Center. Das Haus wird seinem Namen gerecht. 133 Zi. | Europaplatz 2 | Tel. 042 42/22 52 28 00 | www.hi-villach.at | €€ – €€€

HOTEL MOSSER 🔊
Das gutbürgerliche Haus in gehobener Kategorie liegt in Bahnhofsnähe, ideal für Reisegruppen. 45 Zi. | Bahnhofstr. 9 | Tel. 042 42/241 15 | Fax 24 21 52 22 | www.hotelmosser.at | €€

ROMANTIK-HOTEL POST 🔊
Traditionellstes Haus der Stadt, direkt am Hauptplatz in einem Palais aus dem frühen 16. Jh. Hervorragende Küche. 77 Zi. | Hauptplatz 26 | Tel. 042 42/26 10 10 | Fax 26 10 14 20 | www.romantik-hotel.com | €€ – €€€

AM ABEND
Villach ist eine begeisterte Kulturstadt, die auch abends ein breitgefächertes Programm anzubieten hat. Mit Unterstützung der Stadt veranstalten viele kleinere Kulturvereine Jazzabende, Lesungen usw. Jede Menge gemütlicher *Beisln* und Szenelokale bieten die Kulisse für abwechslungsreiche Abende. Klein, aber stets gut besucht ist *Die Lücke (Freihausgasse 3),* gemütlich und ein bisschen größer das *Turmstüberl* in der *Widmanngasse.* Café und Bar in einem ist das ▶▶ *Parkcafé (Moritschgasse 2 | Tel. 042 42/27 77 05),* hier wird manchmal live Musik gespielt. Meiden sollten Sie am Abend die Funmeile *Lederergasse.* Hier reiht sich ein Lokal an das andere. Zu nächtlicher Stunde wimmelt es von betrunkenen Jugendlichen.

AUSKUNFT
Rathausplatz 1 | Tel. 042 42/205 29 00 | Fax 205 29 99 | www.villach.at

ZIELE IN DER UMGEBUNG
BAD BLEIBERG   [118 B5]
Im ehemaligen Bergbaugebiet 15 km westlich wurde die *Terra Mystica (Bleiberg-Nötsch 91 | Mai–Okt. tgl. 11–13 Uhr, Juli/Aug. 9.30–15 Uhr)* eingerichtet, ein Erlebnisland unter Tage mit Stollenwanderungen durch die Zauberwelt der Mineralogie. In der *Perschazeche* wurde ein unterirdisches Veranstaltungszentrum für Theater und Konzerte geschaffen. Eine bekannte Oase ist die Therme im Ort.

DOBRATSCH
(VILLACHER ALPE) ☀   [118 B5]
Der Hausberg der Villacher ist der 2166 m hohe Dobratsch 20 km westlich der Stadt. Eine mautpflichtige Bergstraße führt bis zur Rosstratte. Am Dobratsch wurden nach und nach alle Liftanlagen abgebaut und das gesamte Gelände zum Naturpark erklärt. Im Sommer erobern die Wanderer den Berg, im Winter die Skitourengeher. Beherrscht wird der

VILLACH

Dobratsch von einer riesigen Sendeanlage des Österreichischen Rundfunks ORF. Dieser gewaltige Mast, der die Berghütte, das Ludwig-Walter-Haus und die Gipfelkirche regelrecht verschwinden lässt, ist aber auch ein Indiz für den großartigen Rundblick, der sich vom Gipfel des Dobratsch aus bietet. Die Karawanken und die Julischen Alpen sind zum Greifen nahe, die sanfte Mitte Kärntens breitet sich vor Ihnen aus. Die Gehzeit für Auf- und Abstieg beträgt insgesamt drei bis vier Stunden. Auf der Villacher Alpe, wie der Dobratsch auch genannt wird, befindet sich in 1500 m Höhe an der Bergstraße ein *Alpengarten (Juni–Aug. tgl. 8–18 Uhr)*, in dem die schönsten Blumen der Südalpen zu sehen sind.

DREILÄNDERECK [118 B6]

Ein Sessellift führt von Seltschach zum Dreiländereck 15 km südöstlich. An diesem Punkt treffen sich die Grenzen von Slowenien, Italien und Österreich. Im Winter ein nettes kleines Skigebiet.

FAAKER SEE [119 D5]

Einer der schönsten Kärntner Badeseen ist der von den Karawanken umgebene Faaker See, ein besonders beliebter Urlaubsfleck 10 km südöstlich von Villach. Das berühmteste Wirtshaus am See ist der *Gasthof Tschebull (Egger-Seeufer-Str. 26 | Tel. 042 54/21 91 | €€€)* in *Egg am Faaker See*. Seine Alpen-Adria-Küche wurde mehrfach ausgezeichnet. Zum Übernachten empfiehlt sich das *Kleine Hotel Kärnten (12 Zi., 4 Apartments | Egger Seepromenade 8 | Tel. 042 54/23 75 | Fax 23 75 23 | www.kleineshotel.at | €€€)* in Traumlage am See mit Gourmetküche und Saunahäuschen am See. Der *Karnerhof (90 Zi. | Karnerhofweg 19 | Egg am Faaker See | Tel. 042 54/21 88 | Fax 36 50 | www.karnerhof.com | €€€)* liegt in einem großen Grünareal direkt am See und bietet

Wellen schlagen im Faaker See, und die Karawanken sind zum Greifen nah

SÜDKÄRNTEN

alles von bio über Kräuterküche und Beauty bis vital.

FINKENSTEIN [118 C6]
Auf einem Felskegel gut 5 km südlich über dem Faaker See erhebt sich die mächtige Burgruine Finkenstein aus dem 12. Jh. Am Westhang der Burg befindet sich eine mehr als 1000 Besucher fassende Freiluftarena. José Carreras, Plácido Domingo, Vanessa Mae und Gerhard Polt sowie Stars aus Jazz und Pop haben diese Stätte zu einem Publikumsmagneten gemacht. Der Ausblick von der Burg (mit Restaurant) ist atemberaubend.

GERLITZEN [119 D4]
Im Winter ist dieser Berg gut 10 km nordöstlich am Nordufer des Ossiacher Sees ein Skizentrum, im Sommer ein ausgezeichnetes Wandergebiet. Es gibt mehrere Möglichkeiten, auf die Gerlitzen zu kommen: Entweder man fährt mit der *Kanzelbahn,* einer Gondelseilbahn von Annenheim aus, und weiter mit dem Sessellift, oder man fährt auf der *Alpenstraße,* die in Bodensdorf am Ossiacher See beginnt, und läuft das letzte Stück. Eine weitere Möglichkeit ist die *Gerlitzen-Gipfelstraße* über Arriach. Die Alpen- und die Gipfelstraße sind gebührenpflichtig. In *Arriach* steht übrigens die größte evangelische Kirche Österreichs. Sie wurde zu Beginn des 20. Jhs. gebaut.

Vom Gipfel der Gerlitzen bietet sich Ihnen ein herrlicher Rundblick über fast ganz Kärnten. Im Tal liegt grün schimmernd der Ossiacher See. Etwas oberhalb der Kanzelhöhe wurde in einem über 100 Jahre alten

Finkenstein: Konzerte in der Burgruine

Stall das *Alm- und Bergbauernmuseum Pöllingerhütte (Pölling 18 | Juni–Sept. tgl. 10–17 Uhr)* eingerichtet. Dort gewinnen Sie Einblick in die harte und karge Welt der Bergbauern. Auf 1500 m Höhe liegt das *Sonnenhotel Zaubek (28 Zi. | Tel. 042 48/27 13 | Fax 27 13 61 | www.sonnenhotel.com | €€)* mit weitem Ausblick auf ganz Südkärnten.

KANZIANIBERG [119 D6]
Nahe Finkenstein befindet sich der Kanzianiberg. An seiner steil aufragenden Felswand wurde ein *Klettergarten (Auskunft: Fremdenverkehrsamt Faaker See | Tel. 042 54/211 00 | Fax 21 10 21)* eingerichtet, in dem man das Bergsteigen erlernen kann. Am Fuß des Kanzianibergs wurden Reste einer frühgeschichtlichen Siedlung gefunden.

70 | 71

VILLACH

LANDSKRON ⭐ ☼ [118 C5]

Auf halbem Weg von Villach zum Ossiacher See erhebt sich die große Burgruinenanlage Landskron, die eine schöne Aussicht bietet. Errichtet wurde diese stattliche Burg im 14. Jh. Sie wechselte im Lauf ihrer Geschichte häufig die Besitzer. Auf der Burg liegt ein romantisches *Restaurant (Mai– Sept. | Tel. 042 42/415 63 | €€)*. Auf der Landskroner Burg ist zudem eine *Greifvogelwarte* untergebracht (s. S. 108), und gleich daneben befindet sich der sogenannte *Affenberg,* ein Zoo mit Makaken.

OSSIACH UND OSSIACHER SEE ⭐ [119 D4–5]

15 km von Villach liegt das *Stift Ossiach* wunderschön direkt am Ufer des Sees. Das ehemalige Benediktinerstift wurde Anfang des 11. Jhs. gegründet. Im 17. Jh. erhielt das Stift mit einem großen Innenhof sein jetziges Aussehen. Barocke Stuckdecken zieren einige Räume. Neben dem Stift steht die ehemalige *Klosterkirche,* die im Zeitalter des Barock prunkvoll ausgeschmückt wurde. Stift und Kirche sind heute Aufführungsorte des traditionsreichsten Kärntner Kulturfestivals, des *Carinthischen Sommers.* Klassische Musik und die seltene Gattung der Kirchenoper sind Programmpunkte dieser im Juli und August stattfindenden Veranstaltungsserie.

Empfehlenswerte Restaurants in *Ossiach* sind der *Gasthof zur Post (Ossiach 18 | Tel. 042 43/20 04 | €– €€)* mit gutbürgerlicher Kärntner

> BÜCHER & FILME
Literarisches und Kulinarisches über Kärnten

> **Mein Café** – Diesen literarisch-journalistischen Streifzug durch die Kaffeehäuser des Landes brachte Gabi Russwurm-Biro 2008 heraus.

> **Europa erlesen** – Im Kärntenband dieser Serie kann man literarische Kleinode finden. Sehr unterhaltsam, von Paracelsus bis Peter Handke, 1998 herausgegeben von Lojze Wieser.

> **Kärntner Küche** – Zur kulinarischen Vorbereitung auf Kärnten (und zur Nachbereitung des Urlaubs) empfehlen sich die 460 Rezepte von Hans und Willi Tschmernjak und Christoph Wagner. Die beiden Hauptautoren verwöhnen übrigens im Gasthof *Tschebull* **[119 D5]** am Faaker See.

> **Der Kinoleinwandgeher** – In dieser Produktion geht es um den Kärntner Schriftsteller Josef Winkler, Autor der Romantrilogie *Das wilde Kärnten.* Im Herbst 2008 hat Winkler den Büchner-Preis bekommen, zeitgleich kam der Film in die Kinos.

> **Die Petrijünger des Südens** – Eine filmgewordene Liebeserklärung an Kärnten. In diesem Film von Horst L. Ebner wurden Fischer bei der Ausübung ihres Hobbys das ganze Jahr über mit der Kamera begleitet. *www.kaerntner-fischerei.at*

> **Ein Schloss am Wörthersee** – Die Landschaftsaufnahmen dieser Serie aus den 1990er-Jahren sind zweifellos ein guter Werbeträger für Kärnten. Doch sind die Wörthersee-Filme allesamt viel seichter als der See, an dem sie gedreht wurden.

SÜDKÄRNTEN

Küche und die *Stiftsschmiede (Ossiach 4 | Tel. 042 43/455 54 | www.stifts schmiede.at | €€–€€€)*, deren Feuer heute zum Braten der Seefische dient. In *Bodensdorf* serviert das Wirtshaus *Mathiasl (Gerlitzenstr. 32 | Tel. 042 43/684 | €)* auf einer wunderschönen ❄ Aussichtsterrasse deftige Kost. Hübsche, kleine Orte laden rund um den drittgrößten See Kärntens zu abwechslungsreichen Ferien ein. Zwei gute Hotels direkt am Ossiacher See sind das *Hotel Seewirt (15 Zi. | Ossiach 2 | Tel. 042 43/22 68 | Fax 31 68 | €€)* gleich neben dem Stift und das Hotel *Urbani (35 Zi. | Bodensdorf | St. Urbanweg 16 | Tel. 042 43/22 86 | Fax 22 86 61 | www.falkensteiner. com | €€–€€€)*, das mit Betreuungsangeboten, Tauchschule und Reiterpark als eines der führenden Kinderhotels Österreichs gilt.

PUPPENMUSEUM ELLI RIEHL [118 C4]
Rund 10 km nördlich von Villach (3 km nördlich des Ortes Treffen) steht in Winklern das Museum der 1977 gestorbenen berühmtesten Kärntner Puppenmacherin Elli Riehl.

Oft kopiert, nie erreicht: die fröhlichen Puppen von Elli Riehl

Ihre Art, kleine Figuren aus Stoff herzustellen, wurde immer wieder kopiert, aber nie erreicht. Riehl hat ihre Puppen zu Ensembles und Szenen aus dem ländlichen Leben gruppiert. Ein Besuch dieses Museums lohnt sich nicht nur für kleine Kärntenbesucher. *Buchholzer Str. 4 | Einöde | April–Mai 9–12 Uhr und 14–18 Uhr, Juni–Sept. 9–18 Uhr | www.elli-riehl-puppenwelt.at*

72 | 73

> BERGE, KOMÖDIANTEN UND VOLKSKULTUR

Das ausgedehnte Gebiet Oberkärntens zeichnet sich durch Abwechslungsreichtum aus

> **Das wirtschaftliche und kulturelle Zentrum der vorwiegend alpinen Oberkärntner Landschaft ist die Bezirkshauptstadt Spittal an der Drau. Große, von hohen Bergen gesäumte Täler prägen das Bild der Gegend.** Ein wunderschönes Alpental, das über eine prächtige, bäuerliche Kulturlandschaft verfügt, ist das Mölltal. Es beginnt am Fuß des Großglockners (3798 m), wo die Möll als Gletschermilch, das ist durch Gesteinsabrieb getrübtes Schmelzwasser, der Pasterze (Österreichs größtem Gletscher) entspringt. Bis ins 19. Jh. war das Mölltal ein bedeutendes Bergbauzentrum. Kupfer, aber auch Gold und Silber wurden hier abgebaut. Am Nordende des Tals liegt Heiligenblut, ein weit über Österreich hinaus bekannter Wallfahrtsort, den heute nicht mehr nur Gläubige, sondern vor allem Wanderer, Bergsteiger und Skifahrer als Ausgangspunkt oder zur Rast aufsuchen. Im Mölltal gibt es noch viele

Bild: Großglockner-Hochalpenstraße

OBER
KÄRNTEN

alte Bergbauernhöfe, auf denen die Menschen der Natur ihren bescheidenen Lebensunterhalt abringen.

Ein weiteres großes Tal der Region ist das Liesertal. Der wilde und reißende Fluss Lieser ist ein Dorado für Kajakfahrer und wird auch für den Abenteuersport Wildwasserrafting genutzt. Von Gmünd, dem Hauptort des Tals, einer wunderschönen, mittelalterlichen Stadt direkt neben der Tauernautobahn, zweigt eine Straße ab ins Maltatal. Hier gibt es viele Wasserfälle. Am Ende der Straße befindet sich auf einer Höhe von fast 2000 m die höchste Staumauer Österreichs, die Kölnbreinsperre.

Östlich von Spittal liegt der Millstätter See, der zweitgrößte und mit 141 m der tiefste See Kärntens. An seinen Ufern liegen zahlreiche malerische Urlaubsorte. Der wichtigste und älteste ist Millstatt mit einem prächtigen Stift. Seeboden und

SPITTAL AN DER DRAU

Arkadenhof im Schloss Porcia

Döbriach sind weitere Zentren des Fremdenverkehrs.

Das Südufer des Millstätter Sees ist glücklicherweise kaum verbaut. An diesem See lassen sich Bade- und Wanderurlaub ideal verbinden. Vom Millstätter See weiter Richtung Osten gelangt man in die Region Bad Kleinkirchheim, im Sommer wie Winter ein beliebtes Urlaubsgebiet. Südöstlich des Millstätter Sees, im Gegendtal, versprechen idyllische Orte am Brennsee und Afritzer See einen erholsamen Urlaub. Oberkärnten ist die am besten geschützte Gegend Kärntens, denn sowohl das Gebiet der Nockberge als auch die Hohen Tauern sind in zwei Nationalparks zusammengefasst. Das verhindert eine wilde touristische Erschließung zugunsten eines sanften Tourismus im Interesse der Natur und ihrer Erhaltung.

SPITTAL AN DER DRAU

KARTE IN DER HINTEREN UMSCHLAGKLAPPE

[118 A3] Die Hauptstadt Oberkärntens (16 000 Ew.) ist ein Ort, der Geschichte atmet. Bis ins 19. Jh. hinein war Spittal Sitz des Herrschergeschlechts der Ortenburger. Diese Grafen stifteten 1191 ein Krankenhaus, eben ein Spital. Das war die Geburtsstunde der Stadt. Zu adeliger Prachtentfaltung kam es im 16. Jh., als mitten in der Stadt der Spanier Gabriel Salamanca ein Schloss baute, das vom späteren Besitzer den Namen Porcia erhielt. Kaum anderswo außerhalb Italiens findet sich ein derart prächtiger Renaissancebau. Von Juli bis September finden im wunderschönen Innenhof des Schlosses die Komödienspiele Porcia statt *(www.komoedienspiele-porcia.at)*.

SEHENSWERTES

**SCHLOSS PORCIA/
MUSEUM FÜR VOLKSKULTUR** ★

Ein Renaissancekunstwerk ersten Ranges. Im 16. Jh. wurde dieses dreigeschossige Bauwerk errichtet. Der geschlossene Arkadenhof ist wunderschön. Seine steile, hohe Gestalt

> *www.marcopolo.de/kaernten*

OBERKÄRNTEN

verbindet die Eleganz der Renaissance mit dem strengen Raumgefühl der Gotik. Im Schloss Porcia befindet sich auf zwei Geschossen das *Museum für Volkskultur,* die größte ethnologische Schau des Landes. Bäuerliche Lebensformen werden dokumentiert, adlige Prachtentfaltung, Geschichte des Bergbaus, des Wintersports und des Handwerks. *Burgplatz 1 | Mai–Okt. tgl. 9–18 Uhr; Nov.–April Mo–Do 13–16 Uhr | www.museum-spittal.com*

■ ESSEN & TRINKEN
GÖSSERBRÄU
Gut und preiswert. Für Gruppen geeignet. *Villacher Str. 5 | Tel. 047 62/ 23 83 | €*

der TOP KLEINSASSERHOF
Köstliches in der mit Kunst und Kitsch dekorierten Gaststube. Sehenswert! Etwas außerhalb, wechselnde Öffnungszeiten, unbedingt reservieren! *Kleinsass 3 | Tel. 047 62/ 22 92 | www.kleinsasserhof.at | €€*

RESTAURANT ZELLOT
Das Lokal im Zentrum ist nicht zuletzt wegen seiner regelmäßigen internationalen Spezialitätenwochen beliebt. *Hauptplatz 12 | Tel. 047 62/ 21 13 | €€*

■ ÜBERNACHTEN
ALTE POST
Traditionsreiches Haus im Zentrum mit ausgezeichneter Küche. *45 Zi. | Hauptplatz 13 | Tel. 047 62/221 70 | Fax 51 25 57 | www.tiscover.at/alte. post | €€*

HOTEL ERTL
Gemütliches Haus mit Parkanlage in Bahnhofsnähe. *35 Zi. | Bahnhofstr. 26 | Tel. 047 62/204 80 | Fax 204 85 | www.tiscover.com/ertl | €€*

MARCO POLO HIGHLIGHTS

★ Gmünd
Kunst, Kultur und ein Porsche-Museum in der mittelalterlichen Stadt (Seite 78)

★ Großglockner-Hochalpenstraße
Die höchsten Berge Österreichs (Seite 79)

★ Heiligenblut
Bilderbuchkirche vor mächtigem Gebirge (Seite 80)

★ Kölnbreinsperre
Auf Österreichs höchster Staumauer können Sie spazieren gehen (Seite 80)

★ Millstatt und Millstätter See
Orgelklänge im schönen Stift, Badefreuden im klaren See (Seite 80)

★ Nationalpark Nockberge
Alpine Natur, ideal zum Wandern (Seite 81)

★ Raggaschlucht
Das Element Wasser, wild und hautnah (Seite 82)

★ Schloss Porcia/ Museum für Volkskultur
In Spittals Renaissanceschloss: Kärntens schönstes Heimatmuseum (Seite 76)

SPITTAL AN DER DRAU

AUSKUNFT

Burgplatz 1 | Tel. 047 62/565 02 20 | Fax 32 37 | www.spittal-drau.at

ZIELE IN DER UMGEBUNG

BAD KLEINKIRCHHEIM [118 C3]

Ein idealer Ferienort (2000 Ew.) für das ganze Jahr. Im Winter finden Sie hier, rund 35 km östlich von Spittal, eines der größten Skigebiete Kärntens, im Frühjahr, Sommer und vor allem im Herbst ein wundervolles Wandergebiet. Die Fülle an Freizeiteinrichtungen wie Golfplatz, Wanderwege, Mountainbikerouten und die zahlreichen Thermalbadeanlagen gehobener Qualität machen Bad Kleinkirchheim zu einem empfehlenswerten Ort der Erholung und sportlichen Aktivität.

Deftig und günstig isst man im Gasthaus *Dalnig (Zirkitzen 31 | Tel. 042 40/228 | €)*. Ein trotz seiner Größe sehr familiäres Hotel ist der Kirchheimerhof *(83 Zi. | Maibrunnenweg 37 | Tel. 042 40/278 | Fax 27 81 27 | www.harmony-hotels.at/kirchheimer hof | €€)*. Er liegt direkt an der Skipiste, verfügt über eine schöne Wellnessanlage und ist sehr kinderfreundlich eingerichtet. Darüber hinaus gibt es in Bad Kleinkirchheim viele weitere hervorragende Häuser mit Sport-, Gesundheits- und Fitnessprogrammen. Das Thermalhotel *Ronacher (92 Zi. | Bach 18 | Tel. 042 40/282 | Fax 28 26 06 | www.ronacher.com | €€€)* lässt keine Wünsche offen. Auskunft: *Bach 120 | Tel. 042 40/ 82 12 | Fax 85 37 | www.bkk.at*

FRÜHMITTELALTERMUSEUM CARANTANA [118 A4]

Gemeinsam mit der Pfarrkirche St. Tiburtius und dem archäologischen Freigelände bildet dieses Museum 6 km von Spittal das wichtigste Zentrum frühmittelalterlicher Geschichte in Kärnten. Die hier ausgestellten Flechtwerksteine aus der Karolingerzeit zählen zu den bedeutendsten im Ostalpenraum. *Molzbichl 5 | Mai bis Sept. So–Fr 10–12 Uhr und 13–17 Uhr | www.spittal-drau.at/carantana*

GERLAMOOS [117 E4]

Knapp 30 km nordwestlich finden Sie ein Juwel besonderer Art: Die *Freskenkirche* in Gerlamoos ist außen und innen reich bemalt. Der berühmte Meister Thomas von Villach hat hier um 1470 einen Freskenzyklus geschaffen. *Schlüssel bei der Familie Klocker | Gerlamoos 15*

GMÜND ★ ▶▶ [118 A2]

Eine überaus gut erhaltene mittelalterliche Stadt (2700 Ew.) rund 15 km nördlich, die von einer mächtigen Burganlage beherrscht wird. Gmünd ist von einer noch intakten Stadtmauer umgeben. Vier Tore führen in die Stadt, malerische kleine Gässchen laden zum Bummeln ein. Gmünd hat sich als Kunst- und Kulturstadt etabliert. Kunstseminare in der Burgruine, Ateliers für Künstler und zahlreiche Kunsthandwerkstätten wurden eingerichtet. In der *Alten Burg* aus dem 13. Jh., die nach Bränden zur Ruine wurde, ist das Restaurant *Alte Burg* untergebracht *(Schlossbichl | Tel. 047 32/ 36 39 | €)*.

Das *Eva-Faschaunerin-Heimatmuseum (Kirchgasse 48 | Juni–Sept. tgl. 10.30–12 Uhr und 14–17 Uhr)* erzählt die Geschichte von Eva Faschaunerin, die 1773 als Gattenmör-

> www.marcopolo.de/kaernten

OBERKÄRNTEN

derin hingerichtet wurde. Für die einen ist sie Kärntens populärste Giftmörderin, für die anderen ein Opfer der Inquisition. Ein Highlight im Besuchsprogramm ist das *Ferdinand-Porsche-Museum (Riesertratten 4 a, im ehemaligen Marhof | Mitte Okt.– Mitte Mai tgl. 10–16 Uhr, Mitte Mai– Mitte Okt. 9–18 Uhr | www.porsche-* auf Familienurlaub spezialisiert. Ein Paradies für Babys, Kinder und ihre Eltern, weil es hier vom Babyfon bis zur Betreuung alles für einen entspannten Urlaub gibt. Pionier ist *Europas erstes Baby- und Kinderhotel (40 Zi. | Bad 1 | Trebesing | Tel. 047 32/23 50 | Fax 235 04 15 | www.babyhotel.eu | €€–€€€)*. Auskunft:

Die mittelalterliche Burg in Gmünd beherbergt inzwischen Ateliers und Werkstätten

museum.at). Dort befinden sich viele Modelle aus der Porsche-Produktion, die von 1944 bis 1950 in Gmünd ihren Sitz hatte. Eine ungewöhnliche Attraktion ist die *Kreuzbichlkapelle* aus dem 18. Jh. im Norden der Stadt: Betraum und Altar sind durch eine Straße getrennt.

In und um Gmünd im Lieser- und Maltatal haben sich ein paar Dutzend Bauern- und Gasthöfe sowie Hotels *Rathaus | Tel. 047 32/22 22 | Fax 39 78 | www.familiental.com*

GROSSGLOCKNER-HOCHALPEN-STRASSE ★ ☼ [116 B1–2]

Von Heiligenblut führt diese in den Jahren 1930–1935 errichtete Gebirgsstraße bis hinauf zum Hochtor in einer Höhe von 2576 m. Dutzende Kehren sind zu bewältigen, bis man einen unvergleichlichen Blick auf

78 | 79

SPITTAL AN DER DRAU

den majestätischen Großglockner (3798 m) hat. *Befahrbar von Mai– Okt., gebührenpflichtig*

HEILIGENBLUT ⭐ [116 B2]
Wunderschön ist der Anblick dieses Gebirgsdorfes (1400 Ew.) 90 km nordwestlich am Fuß des Großglockners im Nationalpark Hohe Tauern mit seiner schlanken, hoch aufragenden gotischen *Kirche*. Sie ist reich bestückt mit sakralen Kunstwerken. Auf seinem Heimweg soll der byzantinische Feldherr Brictius ein Fläschchen mit dem Blut Christi hierher gebracht haben. Diese Reliquie wird in der Kirche verwahrt. Heute ist Heiligenblut *(www.heiligenblut.at)* ein moderner Fremdenverkehrsort. Im Sommer bevölkern Wanderer und Bergsteiger die Gegend, im Winter die Skifahrer. Im Ort ist das *Restaurant im Hotel Glocknerhof (Hof 6–7 | Tel. 048 24/22 44 | €€)* bei Feinschmeckern beliebt. Gut wohnen lässt es sich dort auch, ebenso im *Hotel Post (50 Zi. | Hof 1 | Tel. 048 24/22 45 | Fax 22 45 81 | www.hotelpost-heiligen blut.at | €€)*, einem gehobenen Familienhotel mit gutem Restaurant.

In *Apriach* 3 km südlich befindet sich ein frei zugängliches *Freilichtmuseum* mit einigen alten Stockmühlen.

KÖLNBREINSPERRE ⭐ ☄ [117 E1]
Eine gebührenpflichtige Straße *(Mai–Okt.)* durch die imposante Gebirgswelt führt hinauf zur gut 40 km nördlich gelegenen Kölnbreinsperre (1920 m). Diese Staumauer, hinter der sich ein riesiger Stausee ausbreitet, ist mit 200 m Höhe die gewaltigste Talsperre Österreichs.

Oben auf der Mauer ist das Spazierengehen erlaubt.

MILLSTATT UND MILLSTÄTTER SEE ⭐ [118 A–B 3–4]
Mitten in Millstatt (3300 Ew., 10 km von Spittal), dem Hauptort am Millstätter See, befindet sich die ehemalige *Benediktinerabtei*, die im 11. Jh. gegründet wurde. In ihr ist noch der wunderschöne Kreuzgang aus dem 12. Jh. zu bewundern. Die *Stiftskirche* ist mit Kunstschätzen aus allen Epochen ausgestattet. Romanischer und gotischer Stil verschmelzen mit barocken Elementen zu einem prächtigen Ganzen. Diese Kirche ist ein Hauptaufführungsort der Konzerte der Millstätter Musikwochen, die ihr Gewicht auf Orgelmusik gelegt haben. In der großzügigen und behutsam renovierten Stiftsanlage ist ein *Museum (Juni–Okt. tgl. 9–12 Uhr und 14–18 Uhr)* untergebracht. Sakrale Kunstwerke und mineralogische Fundstücke sind dort ausgestellt. Das Stift beherbergt zudem im Juli und August ein internationales Kunstforum mit Kursen für bildende und darstellende Kunst. Ethnologische Exponate sind im *Millstätter Heimatmuseum* zu sehen *(Obermillstatt | Mitte Juni–Mitte Sept. Mo, Mi, Fr 16–18 Uhr)*.

Die Alternative zur Kunst ist der See: schwimmen, sonnen, springen, planschen, tauchen und surfen – ein Auszug aus dem reichhaltigen Angebot. Beim *Kirchenwirt* wird bodenständig-deftig gekocht *(Obermillstatt 19 | Tel. 047 66/22 40 | €)*. Im gemütlichen *Gasthaus zur schönen Aussicht (Millstatt-Öttern 2 | Tel. 047 66/ 26 33 | €)* serviert man Kärntner

> *www.marcopolo.de/kaernten*

OBERKÄRNTEN

Spezialitäten aus der eigenen Landwirtschaft. Wer etwas für seine Gesundheit tun möchte, ist bestens aufgehoben im familiär geführten *Alexanderhof (50 Zi. | Alexanderhofstr. 16 | Tel. 047 66/20 20 | Fax 20 20 70 | www.alexanderhof.at | €€)* und im *Biohotel Alpenrose (28 Zi. | Obermillstatt 84 | Tel. 047 66/25 00 | Fax 34 25 | www.biohotel-alpenrose.at | €€€)*, einem nach baubiologischen Grundsätzen errichteten Haus im Grünen, das u. a. Kräuterbäder, Heilfasten, Vollwertkost und Yoga anbietet. Es ist übrigens ein Nichtraucherhotel. Auskunft: *Tel. 047 66/37 00 | Fax 370 08 | www.millstaettersee.at*

MÖLLTALER GLETSCHER [116 C2]
Von der Talstation (gut 60 km nordwestlich von Spittal) in 1200 m Höhe führt die längste und modernste Stollenbahn Europas in nur acht Minuten auf 2200 m. Anschließend geht es mit einer Seilbahn in das Ganzjahresskigebiet auf 3100 m Höhe. Vom höchsten Punkt, dem ❄ Schareck (3122 m), haben Sie einen atemraubenden Rundblick in die Welt der Dreitausender.

NATIONALPARK NOCKBERGE ★ [118 B–C 2–3]
Zwischen Kremsbrücke im Liesertal und dem Ort Ebene Reichenau östlich von Bad Kleinkirchheim erstreckt sich die 35 km lange, mautpflichtige Nockalmstraße *(befahrbar Mai–Okt.)*. Entlang der Straße gibt es Informationsstellen und zahlreiche Almgasthöfe. Der Nationalpark Nockberge ist durchzogen von gut markierten Wanderwegen. In Hütten wohnen wie anno dazumal, aber mit

Kaffeepause im warmen Sonnenschein am Millstätter See

SPITTAL AN DER DRAU

dem Komfort von heute, können Sie im *Almdorf Seinerzeit (Patergassen | Tel. 042 75/72 01 | Fax 720 16 | www. almdorf.com | €€€).*

RAGGASCHLUCHT ⭐ [117 D3]
Seit etwas mehr als 100 Jahren ist diese gigantische Schlucht 40 km nordwestlich bei Flattach für Besucher begehbar. Auf einer Länge von 800 m bewältigt man 200 m Höhenunterschied. Der Weg führt auf kühn angelegten Stegen und Brücken über den reißenden Raggabach. Seit 1978 ist die Schlucht als Naturdenkmal geschützt. *Mai und Okt. tgl. 10–16 Uhr, Juni–Sept. 9–17 Uhr*

REISSECK-BERGBAHN [117 E3]
Von *Kolbnitz* aus (25 km nordwestlich) fährt man mit dieser Bergbahn

>LOW BUDGET

> Nicht nur in Oberkärnten, sondern im ganzen Land verstreut, wurden vor einiger Zeit unzählige volkstümliche und volkskulturelle Veranstaltungen unter dem Titel *Heimatherbst* zusammengefasst. Jeder Kärntner Spezialität (Speck, Lamm, Käse, Most etc.) werden regelrechte Fest gewidmet. Diese sind bei freiem Eintritt zu besuchen und zu genießen. Aug. bis Okt. *www.heimatherbst.at*

> Bei Fresach [118 B4] wurde entlang des Weirerbaches eine Krebswandermeile angelegt. Der Spaziergang lädt zu naturkundlichen Untersuchungen ein. Mit ein wenig Glück findet man im Wasser mittlerweile selten gewordene Steinkrebse. Von Mai bis Okt. Freier Zugang.

zunächst steil den Berg hinauf. In einer Höhe von mehr als 2000 m steigt man um in eine Schmalspurbahn, die durch mehrere Tunnel zum Berghotel Reißeck fährt, das Ausgangspunkt für Wanderungen in die bizarre Hochgebirgswelt der Hohen Tauern ist.

Die sieben- bis achtstündige Hochgebirgswanderung zum Reißeckgipfel erfordert die übliche Ausrüstung und ein wenig Erfahrung, bietet ansonsten aber keine besonderen Schwierigkeiten. Vom Hotel führt der Weg an zwei Stauseen vorbei in alpiner Landschaft recht gemütlich dahin. Zum Gipfel hin in fast 3000 m Höhe wird der Steig steiler, aber der Gipfel ist ohne wirkliche Schwierigkeiten erreichbar.

SEEBODEN [117 F4]
5 km nördlich liegt auf einer Anhöhe die malerische *Burgruine Sommeregg*, in der ein mittelalterliches *Foltermuseum* untergebracht ist *(April–Okt. tgl. 10–18 Uhr, im Sommer bis 20 Uhr | www.sommeregg. at).* Bei der Burg laufen in der Hochsaison auch *Ritterturniere*, die vor allem junge Touristen erfreuen. Im Burgrestaurant kann man anschließend ritterlich abtafeln. *Schlossau 7 | Tel. 047 62/813 91 | €–€€*

SONNBLICK ☀ [116 C2]
Ausgangspunkt für den Aufstieg zum Sonnblick ist die *Fleißkehre* knapp 100 km nordwestlich von Spittal an der Großglockner-Hochalpenstraße über Heiligenblut in ca. 1500 m Höhe. Von hier führt nach kurzer Steigung ein sanfter Wanderweg zum *Wirtshaus Alter Pocher*. Im Stil des

OBERKÄRNTEN

16. Jhs. hat man hier das alte *Goldgräberdorf Alter Pocher (Führungen tgl. | Tel. 048 24/246 57)* wiederbelebt. Bei Kursen im Goldwaschen kann man nach Nuggets suchen. Unterhalb des Sonnblicks liegt der Stausee *Zirmsee*. Deshalb gibt es bis auf 2500 m eine Straße, auf der man bergwärts marschieren kann. Schon bis zum Zirmsee ist dieser Ausflug eine wunderschöne Wanderung.

Wem der Sinn nach Gipfelsieg steht, der folgt dem markierten Pfad Richtung Sonnblickgletscher. Über etwaige Gletscherspalten sind Bretter gelegt, aber nur wirklich geübte Bergwanderer sollten auf einen Bergführer verzichten. Nach sechs, sieben Stunden erreicht man den Gipfel. Wie ein Adlerhorst thronen auf der Spitze des 3105 m hohen Bergs das *Zittelhaus* und die *meteorologische Station,* Europas höchste ganzjährig besetzte Wetterstation. Im Zittelhaus ist Platz für 90 Bergsteiger. Und es ist wirklich lohnend, hier zu übernachten! Einen ==Sonnenaufgang am Sonnblick== vergisst man nicht. **[Insider Tipp]**

Steg in der Raggaschlucht: schwierig für Wanderer mit Höhenangst

TURRACHER HÖHE [118 C2]

Das Wandergebiet lockt nicht nur wegen seiner Vielfalt: Gäste des *Hotels Hochschober (95 Zi. | Turracher Höhe 5 | Tel. 042 75/82 13 | Fax 83 68 | www.hochschober.at | €€€)* ==schwimmen in einem geheizten Bad im Bergsee== – auch mitten im Winter. **[Insider Tipp]** Zur riesigen Sauna- und Badelandschaft gehört ein Hamam, und Tee trinken kann man im vierstöckigen chinesischen Teehaus.

82 | 83

> DAS PARADIES KÄRNTENS
Fruchtbare Felder, sanfte Berge und warme Seen
ziehen die Menschen an – seit der Steinzeit

> „Dort wo Pomonas schönster Tempel steht", so lautet eine Zeile eines Kärntner Heimatliedes. Gemeint ist das Lavanttal, das „Paradies Kärntens", das der römischen Fruchtbarkeitsgöttin wohl sehr am Herzen gelegen sein muss.

Die Felder des unteren Lavanttals sind durch das milde Klima Kärntens bester landwirtschaftlicher Boden. Ausgedehnte Obstkulturen prägen diese Kulturlandschaft, die schon in der Bronzezeit besiedelt war.

Bild: Benediktinerstift St. Paul im Lavanttal

Das Lavanttal *(www.region-lavanttal.at)*, das im raueren Norden bis zum Obdacher Sattel führt – der Grenze zur Steiermark –, ist ein Nord-Süd-Tal, das von der Saualpe im Westen und der Koralpe im Osten begrenzt wird. Beide Gebirgszüge fallen unter die Rubrik „sanft", sie sind nur knapp über 2000 m hoch. Bergsteigen ist dort nicht angesagt, dafür sind die gemächlichen Höhen ein ideales Wandergebiet. Das La-

OST KÄRNTEN

vanttal ist touristisch noch nicht so erschlossen wie andere Gegenden in Kärnten. Der Hauptort ist Wolfsberg, eine nette, einladende Kleinstadt in der Mitte des Tals. Am südlichen Ende des Tals liegt St. Paul. Das dortige Stift, noch von Mönchen bewohnt, gilt mit seiner Kunstsammlung als das Schatzhaus Kärntens. In der Umgebung wird wegen des Obstreichtums hervorragender Most produziert, das Paradegetränk der Region, das Sie unbedingt kosten sollten.

Abgesehen von einer Papierfabrik nördlich von Wolfsberg finden sich im Lavanttal kaum größere Industriebetriebe. Kleingewerbe und vor allem Landwirtschaft stehen im Vordergrund. Ähnlich verhält es sich im Bezirk Völkermarkt, der sich südwestlich an das Lavanttal anschließt. Weite, ebene Felder begünstigen den Ackerbau.

VÖLKERMARKT

Kärnten von unten: Obir-Tropfsteinhöhlen bei Bad Eisenkappel

In Griffen, dem Heimatort von Peter Handke, wurden in einer Höhle rund 30 000 Jahre alte Besiedlungsspuren entdeckt. Hier stand also die Wiege der Kärntner Bevölkerung. Im Süden der Stadt Völkermarkt liegt ein kleines Seengebiet, das ein äußerst lebhaftes Tourismuszentrum ist: Am Klopeiner See und Turner See werden pro Saison rund 1 Mio. Übernachtungen von Urlaubern gezählt. Der Klopeiner See ist der wärmste Kärntner Badesee. In der Region um Eisenkappel und Bleiburg gibt es wunderbare, leichte Wanderwege. Der Tourismus hat hier noch nicht in dem Maß Fuß gefasst, wie es einige Fremdenverkehrsmanager gerne hätten.

Im gesamten Gebiet südlich von Völkermarkt ist der Anteil der slowenischen Volksgruppe sehr hoch. In den kleinen Dörfern dieser Gegend herrscht ein völlig anderes Lebensgefühl als beispielsweise in Oberkärnten. Es geht ruhiger, beschaulicher zu. Die Mentalität der Menschen ist von den slawischen Kulturtraditionen beeinflusst. Seit dem EU-Beitritt Sloweniens im Jahr 2004 arbeiten viele Kärntner im südlichen Nachbarland – deutlich mehr als umgekehrt. Dass etliche Kärntner und Slowenen die gleiche Muttersprache sprechen, ist dabei natürlich von Vorteil. Die Grenze zu Slowenien bilden die steil aufragenden Karawanken. Die Petzen, im Winter ein beliebtes Skisportzentrum, ist hier das herausragende Bergmassiv.

VÖLKERMARKT

[121 D4] **Diese kleine Bezirksstadt (5000 Ew.) wird in Kärnten auch Abstimmungsstadt genannt, denn in der Volksabstimmung von 1920 entschied sich sogar in dieser stark slowenisch besiedelten Region die Bevölkerung mehrheitlich für den Verbleib bei Österreich.** Völkermarkt lag schon von jeher auf der Route wichtiger Handelswege. Die Stadt war der Umschlagplatz für das Hüttenberger und Lavanttaler Eisen sowie für das Bleiburger Blei.

> *www.marcopolo.de/kaernten*

OSTKÄRNTEN

Errichtet wurde Völkermarkt auf einer Terrasse über der Drau. Noch heute finden sich Reste der ehemaligen Befestigungsanlage. Schön erkennbar ist in den Gassen neben dem Hauptplatz die Struktur der mittelalterlichen Stadt – obwohl Völkermarkt häufig ein Raub der Flammen wurde. Im 14. Jh. bekam der Ort eine Herzogsburg. Dort befinden sich heute das Neue Rathaus, Veranstaltungssäle und ein Museum.

SEHENSWERTES

Sehenswert sind der *Hauptplatz* mit Biedermeierhäusern, die *Altstadt* und die *Pfarrkirche*. Im *Bezirksheimatmuseum (Neue Burg | Mai–Okt. Di–Fr 10–13 Uhr und 14–16 Uhr, Sa 9–12 Uhr)* werden neben regionalem Brauchtum und ländlicher Kultur die Geschehnisse des Kärntner Abwehrkampfes und die Volksabstimmung dokumentiert.

ESSEN & TRINKEN

RESTAURANT SICHER

8 km südwestlich in *Tainach* finden Sie dieses Lokal, das als eines der besten Fischrestaurants Österreichs gilt. *Mühlenweg 2 | Tel. 042 39/26 38 | www.sicherrestaurant.at | €€–€€€*

ÜBERNACHTEN

GASTHOF-PENSION KARAWANKENBLICK

2 km westlich von Völkermarkt, auf einer Terrasse über dem Völkermarkter Stausee. *14 Zi. | Ruhstatt 17 | Tel. 042 32/21 86 | Fax 271 97 | www.gasthof-karawankenblick.at | €*

HOTEL RESTAURANT KRONE

Ein moderner, preisgünstiger Familienbetrieb im Zentrum. *25 Zi. | Münzgasse 21/23 | Tel. 042 32/21 81 | Fax 21 81 41 | €*

AUSKUNFT

Hauptplatz 1 | Tel. 042 32/25 71 47 | Fax 25 71 28 | www.stadtgemeinde-voelkermarkt.at

ZIELE IN DER UMGEBUNG

BAD EISENKAPPEL   [121 C6]

Durch das enge Vellachtal führt die Straße ins gut 20 km südlich gelegene Bad Eisenkappel. Einst ein bedeutender Bergbau- und Industrieort, ist es heute ein schönes Wandergebiet. Die riesigen ★*Obir-Tropfsteinhöh-*

MARCO POLO HIGHLIGHTS

★ **Kirche St. Leonhard**
Prächtige Gotik in ihrer schönsten Form (Seite 93)

★ **Diex**
Kirchen als Burgen für das Volk zum Schutz vor einfallenden Türken (Seite 88)

★ **Klopeiner See und Turner See**
Für Touristen noch fast ein Geheimtipp, für Österreicher längst ein Hit (Seite 90)

★ **Griffen**
Die Wiege der Kärntner stand hier im Burgberg (Seite 89)

★ **St. Paul im Lavanttal**
Die Benediktiner bestückten das Schatzhaus Kärntens im Stift (Seite 94)

★ **Obir-Tropfsteinhöhlen**
Lange unentdeckt: die atemraubenden Höhlen bei Eisenkappel (Seite 87)

VÖLKERMARKT

len sind atemraubend *(April/Mai tgl. 9.30–14.30 Uhr; Juni–Okt. 9.30–15.30 Uhr, Nov.–März nur Gruppen nach Voranmeldung | Tel. 042 38/82 39)*. In Bad Eisenkappel gibt es warme Quellen und so auch mehrere Kurhotels. Mit Kindern ist man im *Berghof Brunner (25 Zi. | Lobnig 4 | Tel. 042 38/301 | Fax 30 18 01 | www.berghof-brunner.at | €€)* oberhalb des Orts gut untergebracht. Als eigenes Hotel geführt ist das *Kurzentrum (180 Zi. | Vellach 9 | Tel. 042 38/905 00 | Fax 90 50 04 00 | www.kurzentrum.at | €€–€€€)* mit Hallen- und Freibad, Sauna und Therapieprogrammen. Sehenswert ist die bemalte Holzdecke in der *Kirche St. Leonhard*.

>LOW BUDGET

> Nicht jede Panoramastraße in Kärnten ist mautpflichtig. Auf der Straße Klippitztörl [121 D1–2] vom Lavanttal ins Görtschitztal kann man wunderbare Ausblicke über den östlichen Teil Kärntens genießen, und das ohne Ticket. Und weil das Gebiet hier touristisch nicht so erschlossen ist wie andere Regionen, ist das Einkehren in Hütten und Gasthöfen am Weg auch deutlich günstiger.

> Man glaubt es kaum: eine Raststätte neben der Autobahn – ein gutes und vor allem billiges Restaurant. Aber im Fall *Mochoritsch* [121 D4] ist es so. Suppenschüssel auf dem Tisch, unzählige Hauptspeisen zur Auswahl und danach ein Dessert. Das Ganze unter 10 Euro pro Person. *Mochoritsch | Gewerbestraße 11 | Griffen | Tel. 042 33/253 53 | €*

BLEIBURG   [121 E5]

20 km südöstlich, nahe der slowenischen Grenze, liegt Bleiburg am östlichen Rand des fruchtbaren Jaunfeldes. Beherrscht wird der Ort von einem in der Renaissance umgebauten romanischen Schloss, das sich in Privatbesitz befindet. Am leicht abfallenden Hauptplatz finden sich schöne Bürgerhäuser, die davon zeugen, dass Bleiburg durch große Blei- und Zinkvorkommen in der Umgebung eine reiche Stadt war. Am Hauptplatz befindet sich das *Werner-Berg-Museum (10.-Oktober-Platz 4 | Anfang April–Ende Okt. Di 14–17 Uhr; Mi–So 10–13 und 14–17 Uhr; im Sommer Di–So 10–18 Uhr | www.werner berg.museum)*. Werner Berg (1904–1981) siedelte sich zu Beginn der 1930er-Jahre aus Wuppertal kommend hier an. Seine Ölbilder und Holzschnitte sind Dokumente des Lebens im Kärntner Unterland. Zum Übernachten bietet sich das kleine Hotel *Altes Brauhaus* am Hauptplatz an *(14 Zi. | Hauptplatz 9 | Tel. 042 35/20 26 | Fax 20 26 20 | www.brauhaus.breznik.at | €)*.

DIEX ★   [121 D3]

Zur Zeit der Türkeneinfälle im 15 Jh. wurden an den Hängen der Saualpe Kirchen mit imposanten Wehranlagen errichtet. Die 5 m hohen und 1 m dicken Mauern boten der Bevölkerung Schutz. Besonders schöne Exemplare finden sich 12 km nördlich in Diex und Grafenbach. Einen gemütlich-urigen Gasthof gibt es in der Nähe von Diex auch. Für ihre Brettljause und die verschiedenen selbst angesetzten Schnäpse ist die

OSTKÄRNTEN

Familie Jesch berühmt *(Wandelitzen 10 | Tel. 042 32/71 96 | €).*

EBERNDORF [121 D5]

Weithin sichtbar ist das knapp 10 km südlich gelegene Eberndorf mit seiner großen *Stiftsanlage,* die zuerst von den Chorherren, dann von den Jesuiten bewohnt war. Heute beherbergt das ausgezeichnet renovierte Kloster Kultureinrichtungen und Gemeindestuben. Im schönen Innenhof tritt im Sommer eine sehenswerte Laienspielgruppe auf.

GRIFFEN ★ [121 D4]

Ein mächtiger Kalksteinfelsen, auf dem eine weitläufige Burgruine steht, ist das Wahrzeichen des 10 km nordöstlich gelegenen Marktes Griffen. In diesem Burgberg befindet sich eine kleine, farbenfrohe *Tropfsteinhöhle (Mai–Okt. tgl. 9–17 Uhr, Juli/Aug. Di und Do 20.30 Uhr Abendführungen, an Regentagen unbedingt reservieren | Tel. 042 33/20 29 | www.griffen.at).* In ihr wurden Spuren einer altsteinzeitlichen Station von Höhlenbärenjägern gefunden. Seit einigen Jahren ist die Burgruine im Besitz der Gemeinde. Ein Wanderweg führt vom Kirchplatz auf den Berg, von dem man einen sehr schönen Ausblick auf Unterkärnten hat. Etwas außerhalb von Griffen liegt das gleichnamige *Stift,* das im 13. Jh. von den Prämonstratensern gegründet wurde. Das Stift mit gotischen und barocken Elementen ist ein architektonisches Kleinod. Nach und nach wird das Gebäude renoviert. *Führungen macht der Pfarrer nach Anmeldung (Tel. 042 33/22 52).*

HAIMBURG [121 D4]

Auf einem Felsenkegel 5 km nordöstlich steht die Ruine einer hochmit-

Der Brunnen in Bleiburg wurde von der Künstlerin Kiki Kogelnik gestaltet

88 | 89

VÖLKERMARKT

telalterlichen Burg. Im ehemaligen Pflegehaus am Fuß des Burgbergs wohnt heute ein Maler, der dort eine Galerie betreibt. Im Juli und August spielt in der Ruine die junge, professionelle Theatergruppe *Klas* *(www.klas.at)*. Dieses Theater fernab von johlenden Komödien hat sich zum interessantesten Sommertheater Kärntens entwickelt: ernste, dramatische Literatur in einer bizarren Kulisse – sehr sehenswert! Die Pfarrkirche von Haimburg war einst eine Wehrkirche; davon zeugt noch die hohe Friedhofsmauer.

Insider Tipp

HEMMABERG [121 D5]
Dieser Berg 15 km südlich war schon in frühgeschichtlicher Zeit besiedelt. Grabungen legten eine frühchristliche Kirche mit Resten prächtiger Mosaikböden frei. Etliche Fundstücke beherbergt das *Archäologische Pilgermuseum* in *Globasnitz (Globasnitz 13 | Di–Fr 10–12 und 14–17 Uhr; Sa/So 9–12 und 13–17 Uhr)*. Eine besondere Sehenswürdigkeit ist das Schloss Elberstein *(Besichtigung nach Voranmeldung | Tel. 042 30/667)*. Johann Elbe, ein von Schlössern und Burgen faszinierter Globasnitzer, hat es in den 1970er- und 1980er-Jahren selbst gebaut.

Insider Tipp

KLOPEINER SEE UND TURNER SEE ★ [120 C5]
Zwei der beliebtesten Urlaubsziele Kärntens, 10 km von Völkermarkt entfernt. Viele Österreicher, die in Österreich urlauben, sind hier anzutreffen. Die Seeorte *St. Kanzian, Klopein, Unterburg* und *Seelach* sind zwar nicht so mondän wie beispielsweise Velden, aber im Sommer geht es auch dort drunter und drüber. Das warme Wasser, die zahlreichen Sportangebote, die noch recht unverbaute Gegend mit kilometerlangen Wanderwegen locken die Besucher an. Natürlich ist hier das Angebot an Hotels und Restaurants riesengroß. Im Zentrum von St. Kanzian herrscht

Das warme Wasser des Klopeiner Sees lockt Surfer und Schwimmer

OSTKÄRNTEN

eine ähnliche Stimmung wie in den Urlaubsorten an der oberen Adria. Remmidemmi, bunte Lichter, Partylaune.

Am Turner See und in umliegenden Pensionen ist es aber erholsam ruhig. Gut essen und übernachten können Sie im Hotel *Alte Post (78 Zi. | St. Kanzian-Alt 2 | Tel. 042 39/22 26 | Fax 22 26 78 | www.hotelaltepost.at | €–€€)* im Zentrum von St. Kanzian.

Weitere schöne Hotels am Klopeiner See sind das *Hotel Seeblick* mit großem Privatstrand *(50 Zi., Seelach | Westuferstr. 38 | Tel. 042 39/22 78 | Fax 37 52 | www.hotel-seeblick.at | €€)*, das *Promenaden-Strandhotel St. Kanzian (200 Zi. | Klopeiner See V/2 | Tel. 042 39/22 36 | Fax 38 96 | €€)* und das *Strandhotel Amerika-Holzer,* ein bestens ausgestattetes Haus mit Feinschmeckerrestaurant *(70 Zi. | Klopein am See XI | Tel. 042 39/22 12 | Fax 21 58 | www.amerika-holzer.at | €€€).* Die *Touristeninformation* finden Sie in *St. Kanzian (Schulstr. 10 | Seelach | Tel. 042 39/ 22 22 | Fax 30 65 | www.klopeiner see.at).*

STEIN IM JAUNTAL [120 C5]

Zur romanisch-gotischen *Pfarrkirche* 10 km südöstlich führt ein erst jüngst angelegter Kreuzweg. Zeitgenössische Kärntner Künstler haben die 14 Stationen gestaltet. Das ==Beinhaus,== den Karner der Kirche, hat die 1997 gestorbene Pop-Art-Künstlerin Kiki Kogelnik mit Keramikarbeiten ausgeschmückt.

Insider Tipp

TRIXNERTAL [120–121 C–D4]

Von Völkermarkt führt Richtung Norden eine Straße durch das Trixnertal. Dort steht eine Reihe von Burgruinen inmitten einer zauberhaften Landschaft. *7 km entfernt*

WOLFSBERG

[121 E2] Die Bezirkshauptstadt (30 000 Ew.) liegt auf einem sehr schönen Fleck in den Ausläufern der Koralpe. Deshalb war das Stadtgebiet schon in der Bronzezeit besiedelt. Urkundlich erwähnt wurde die Stadt erstmals 1007. Auf den Hügeln um Wolfsberg wurde im Mittelalter Wein angebaut – damals die wichtigste Erwerbsquelle der Stadt. Bei einer erfolglosen Belagerung Wolfsbergs 1425 wurden die Weinkulturen zerstört. Rund um die mächtige Burg der Stadt, die im 19. Jh. im Tudorstil historisierend umgebaut wurde, befand sich eine starke Befestigungsanlage, die den Türken und Ungarn im 15. Jh. standhielt. Was die Feinde nicht vermochten, besorgte das Feuer: Mehrere Großbrände verwüsteten Wolfsberg. Vom alten Stadtkern ist aber glücklicherweise noch recht viel erhalten. Im 19. Jh. entwickelten sich in Wolfsberg etliche Industriebetriebe. Wichtigster Zweig war die Eisenverarbeitung. Noch heute gibt es ein traditionsreiches Sensenwerk. Wirtschaftlich bedeutsam ist die Papierfabrik Frantschach-St. Gertraud nördlich der Stadt.

■ SEHENSWERTES

==ALTSTADT==

Insider Tipp

Rund um das Zentrum, den Hohen Platz mit den zu ihm ansteigenden Straßen, hat sich das mittelalterliche Ortsbild erhalten. Durch eine engagierte Renovierungsoffensive wurde

WOLFSBERG

dieser Teil zu einem richtigen Schmuckkästchen. Viele kleine Geschäfte und zahlreiche Cafés laden zum Besuch ein.

HEIMATMUSEUM
Eine kleine Sammlung zur ländlichen Volkskultur und zur Wirtschaftsgeschichte der Region. *Tanglstr. | Di–So 10–17 Uhr*

PFARRKIRCHE
Die dem hl. Markus geweihte Kirche ist eine spätromanische Pfeilerbasilika mit zahlreichen Ausschmückungen und Erweiterungen aus Gotik und Barock. Bemerkenswert ist das Markusbild im Hochaltar, das der österreichische Barockmeister Kremser-Schmidt 1777 gemalt hat.

SCHLOSS WOLFSBERG
Beherrscht wird das Bild Wolfsbergs vom oberhalb der Stadt gelegenen Schloss (Privatbesitz). Schon im 12. Jh. wurde der Festungsbau gerühmt. Der Grundriss aus dem 15. Jh. ist weitgehend erhalten geblieben. Im 19. Jh. wurde die mächtige Festung aber einem Facelifting unterzogen und nachträglich mit Zinnen im Tudorstil ausgestattet. Mit seinem neuen Besitzer hat sich das Schloss in den letzten Jahren geöffnet. Von Mai bis Oktober gibt es große Themen- und Kunstausstellungen und außerdem Konzerte in den herrschaftlichen Räumen. Die jeweiligen Öffnungszeiten sind auf der Seite *www.schloss-wolfsberg.at* aufgeführt, *Führungen nach Anmeldung*

> BLOGS & PODCASTS
Gute Tagebücher und Files im Internet

> *www.kaerntenblog.at* – Das Blog für Genießer, denn hier tauschen auch schon mal Feinschmecker ihre gastronomischen Erfahrungen aus. Auch einige Hits für stilvollen Müßiggang.

> *http://blog.kaernten.at* – Offizielles Blog der Kärnten-Werbung. Umfangreich, informativ, übersichtlich, brauchbar.

> *http://blog.austria.info* – Hält österreichweite Infos parat. Und im Kärnten-Teil immer wieder interessante Tipps, die vielfach nicht einmal der Kenner kennt.

> *www.kleinezeitung.at* – Im Blog der Kleinen Zeitung kriegt man mit, was der Volksseele gerade so am Herzen liegt oder an die Nieren geht. Außerdem die besten Newspages zum Rumsurfen.

> *www.bigideas.at* – Podcast mit Interviews und Kommentaren, produziert am Wörthersee, downtown Klagenfurt.

> *www2.woche.at/kaernten/multi media/podcast-peter-kowal* – Peter Kowal fängt Kärntner Stimmen ein – zu allen möglichen Themen, gerne auch zu Fußball.

> *http://podcast.oebb.at* – Reiseinfos, Nachrichten und unterhaltsame Themen, die regelmäßig aktualisiert werden.

Für den Inhalt der Blogs & Podcasts übernimmt die MARCO POLO Redaktion keine Verantwortung.

OSTKÄRNTEN

| *Tel. 043 52/23 65 22.* Von der ☼ Caféterrasse hat man einen wunderschönen Blick über das südliche Lavanttal.

■ ESSEN & TRINKEN
ALTER SCHACHT
Bodenständige Speisen und internationale Spezialitäten. Übernachtungsmöglichkeit. *Südlich der Stadt | St. Stefan | Hauptstr. 24 | Tel. 043 52/ 31 21 | €–€€*

BRAUHOF FRANZ JOSEF
Gutbürgerliche Küche, große Portionen und preiswert. Fr und Sa Musikprogramm am Abend, *Herrengasse 14 | Tel. 043 52/24 53 | www.brauhof.at | €–€€*

■ ÜBERNACHTEN
HOTEL HECHER
Modernstes Haus im Zentrum mit feiner Konditorei. *38 Zi. | Wiener Str. 6 | Tel. 043 52/29 46 72 | Fax 29 46 45 | www.hecher.at | €€*

■ AUSKUNFT
Getreidemarkt 3 | Tel. 043 52/33 40 | Fax 53 72 77 | www.wolfsberg.at

■ ZIELE IN DER UMGEBUNG
BAD ST. LEONHARD [121 E1]
Außerhalb der Stadt (5000 Ew.) auf einem Hang steht die prächtige gotische ★ *Kirche St. Leonhard.* Der Gold- und Silberbergbau ließ die knapp 20 km nördlich von Wolfsberg gelegene Gemeinde prosperieren. Die Kirche wurde im 14. Jh. errichtet. Bemerkenswert sind vor allem die in den Jahren 1340 bis 1350 gefertigten Glasfenster. Die geschmiedete Kette, die den Kirchen-

Im Schloss Wolfsberg finden Kunstausstellungen und Konzerte statt

bau umgibt, geht auf eine Sage zurück: Ein von den Türken gefangen genommener Bauer soll die Kette einst gestiftet haben, nachdem ihm die Flucht aus der Gefangenschaft gelungen war. Eine andere Deutung erklärt die Kette mit dem Verweis auf St. Leonhard als den Schutzpatron der Gefangenen.

Der Ort selbst besitzt einen lang gezogenen Hauptplatz. Nahe der ehemaligen Stadtmauer liegt die *Burgruine Gomarn,* die heute ein Zentrum festlicher Veranstaltungen ist. In den Schwefelquellen lassen sich Gliederschmerzen und Hautkrankheiten kurieren. Ein kulinarisches Muss ist der

WOLFSBERG

Insider Tipp Besuch des *Gasthofes Zum Bären* (Hauptplatz 7 | Tel. 043 50/22 57 | €€ – €€€). Die von Gourmetkritikern ausgezeichnete Küche bietet erlesene Speisen mit regionalen Wurzeln.

GRÄBERN-PREBL [121 E2]

In Gräbern, 15 km nördlich von Wolfsberg auf einem westlichen Bergrücken des Tals gelegen, steht eine *Wallfahrtskirche* aus dem 15. Jh. Errichtet wurde sie der Legende nach von der hl. Hemma von Gurk, da ihr Mann auf einer Pilgerreise hier gestorben sein soll. Ein paar Kilometer weiter liegt das Bergdorf *Prebl*. Von dort führt eine Straße aufs Klippitztörl. An dieser Straße liegt ein echter Geheimtipp: **die *Schulterkogelhütte.*** In diesem Almgasthaus gibt es eine deftige Jause. In heiteren Stunden greift der Wirt zu urigen Musikinstrumenten und spielt auf. *Juni–Sept. | www.kogelhuette.at*

LAVANTTALER HÖHENWEG

In Ermangelung eines tatsächlichen Sees – außer dem künstlich angelegten Teich bei St. Andrä – positioniert sich das Lavanttal als Fahrrad- und Wanderparadies. Auf der 135 km langen Rundstrecke lässt sich das gesamte Tal umwandern. Die mehrere Tage dauernde Wanderung kann natürlich auch in einzelnen Tagesetappen absolviert und so auf einen ganzen Urlaub verteilt werden. Der klassische Start zum Höhenweg liegt 27 km von Wolfsberg in Lavamünd [121 E-F4], nahe der slowenischen Grenze. Der Weg führt dann gegen den Uhrzeigersinn rund um das Tal. Speziell die Wege über Koralpe und Saualpe bieten unvergessliche Naturerlebnisse. Die Strecke ist garantiert wanderbar – klettern muss man nie. Die Detailbeschreibung des Höhenweges gibt es beim *Österreichischen Alpenverein Sektion Wolfsberg | Rindermarkt, Ecke Spitzgasse 1 | Tel. 043 52/23 74*

ST. ANDRÄ IM LAVANTTAL [121 E3]

Vom 13. bis zum 19. Jh. war St. Andrä Sitz des Bistums Lavant. Deshalb gibt es hier 8 km südlich eine Reihe von bedeutenden Sakralbauten. Die *Stadtpfarrkirche* ist eine mächtige gotische Basilika mit schöner Innenausstattung. Eine Wallfahrts- und beliebte Hochzeitskirche ist *Maria Loretto.* Errichtet in der Barockzeit, spiegelt sie die Pracht der Epoche wider.

Regelmäßig findet im August das sogenannte „*Gackern*" statt, ein Volksfest, bei dem sich kulinarisch alles ums Huhn dreht. Bei diesem zehntägigen Event gibt es Hühnerschmankerln aus aller Herren Länder. *www.gackern.com*

ST. PAUL IM LAVANTTAL ★ [121 E4]

Ein beeindruckender Anblick ist das 1091 gegründete Benediktinerstift von St. Paul 15 km südlich auf einer Kuppe über der Marktgemeinde. Die *Stiftskirche* ist eine mächtige romanische Basilika mit sakralen Kunstschätzen und prächtigen Fresken. Das Stiftsgebäude wurde im 17. Jh. fertiggestellt; es umschließt einen großen Hof. 1782 wurde das Stift aufgehoben, aber 1802 von Benediktinermönchen aus St. Blasien im Schwarzwald neu besiedelt. Diese brachten Kunstschätze, wertvolle Bücher und Gemälde mit. Diese kostbare Sammlung trug dem Stift

> *www.marcopolo.de/kaernten*

OSTKÄRNTEN

den Titel „Schatzhaus Kärntens" ein. Im *Stiftsmuseum (Hauptstr. 1 | Mai–Okt. tgl. 9–17 Uhr)* werden die Exponate ausgestellt. Ein beliebtes Ausflugziel ist der *Gasthof Rabensteiner (St. Paul | Unterhaus 3 | Tel. 043 57/20 38 | €)* bei der *Ruine Rabenstein*. Ausgezeichnete Jause, warme Gerichte nur auf Vorbestellung. Auf einem Hügel über dem Ort liegt die *Gasthof-Pension Johannesmessner (10 Zi. und Wohnungen | Johannesberg 2 | Tel. 043 57/23 00 | €)*, in der man mit Produkten aus der eigenen Landwirtschaft verpflegt wird.

In der Umgebung von St. Paul liegt das *Granitztal*. Dort gibt es einen sogenannten ==Mostwanderweg==, auf dem Sie von Bauernhof zu Bauernhof marschieren können. Die rund 10 km lange Wanderung bietet, gutes Schuhwerk vorausgesetzt, keine Schwierigkeiten. Drei Stunden geht es über sanfte Hügel. Fast bei jedem Hof gibt es einen Buschenschank mit vorzüglichem Most und Brettljause. Vom Mostwanderweg gibt es unzählige Varianten. Überall im Raum St. Paul gibt es kleine Wanderführer für alternative Routen.

Ein besonderer Tipp: der *Landgasthof Loigge (21 Zi. | Hauptstr. 19 | Tel. 043 57/20 56 | Fax 205 64 | €–€€)* in St. Paul mit ausgezeichneter regionaler Küche; die Zimmer sind nach Schnapssorten benannt.

ST. ULRICH [121 E3]

8 km südöstlich in St. Ulrich auf der Koralpe in Höhe St. Andrä befindet sich das *Lavanttaler Heimathaus Deiser (Voranmeldung: Frau L. Deiser | Tel. 043 55/25 47)*. Alte Bauerngerätschaften und schöne alte Gläser aus der ehemaligen Glashütte St. Vinzenz sind dort zu sehen. In St. Ulrich gibt es auch ein empfehlenswertes Landgasthaus: Das *Gasthaus Raschl (St. Ulrich 10 | Tel. 043 55/21 33 | €)* ist bekannt für die Brettljause aus eigener Produktion.

Das „Schatzhaus Kärntens": Stift St. Paul im Lavanttal

Bild: Weißensee

> DURCH DIE JAHRTAUSENDE UND DAS GANZE LAND

Unterwegs in Unterkärnten, in den Nocky Mountains und bis zur slowenischen Grenze

Die Touren sind auf dem hinteren Umschlag und im Reiseatlas grün markiert

1 KULTUR IN UNTERKÄRNTEN

Eine Tagestour (rund 85 km) durch Unterkärnten, die ganz im Zeichen der Kultur steht: von steinzeitlichen Siedlungsresten in Griffen über frühchristliche Kultstätten auf dem Hemmaberg bis zu den Geburts- und Wirkungsorten Kärntner Künstler und Literaten unserer Tage.

Die Tour beginnt in Griffen *(S. 89)*. In der Tropfsteinhöhle im Burgberg von Griffen sind die ältesten Siedlungsreste Kärntens gefunden worden. Vom Ortszentrum geht es weiter zum Stift Griffen einige Kilometer Richtung Westen. Dieses malerische Gemäuer war und ist ein Fluchtpunkt des 1942 in Griffen geborenen Schriftstellers Peter Handke.

Vom Stift führt die Route zunächst zurück zum Ort Griffen, dann weiter Richtung Süden nach Ruden. Über die Lippitzbachbrücke geht es weiter

AUSFLÜGE & TOUREN

nach Bleiburg *(S. 88)*. Der Ort ist berühmt wegen des jahrhundertealten Bleiburger Wiesenmarktes im Herbst und bekannt auch als Geburtsort einer Reihe bedeutender Künstler: Der Tanztheaterguru Johann Kresnik stammt ebenso aus Bleiburg wie die Pop-Art-Künstlerin Kiki Kogelnik. Nach ihren Entwürfen wurde am Hauptplatz ein imposanter Stierbrunnen geschaffen. Gleich neben dem Brunnen befindet sich das *Werner-Berg-Museum (S. 88, Bleiburg)*, eine sehenswerte Bildersammlung des in den 1930er-Jahren aus Deutschland eingewanderten Künstlers, der zum Chronisten des Kärntner Unterlandes und seiner Menschen wurde.

Von Bleiburg führt der Weg nun in südwestlicher Richtung nach Globasnitz. Hier zweigt eine enge Straße auf den Hemmaberg *(S. 90)* ab, die Sie unbedingt hinauffahren sollten. Vom Parkplatz Hemmaberg sind es nur ein

96 | 97

paar Minuten auf den Gipfel des Berges. Hier lag in frühchristlicher Zeit die größte Wallfahrtsstätte des Alpenraumes. Seit Jahren arbeiten Archäologen und legen Stück für Stück die Fundamente der frühchristlichen Kirchen und Pilgerhäuser frei.

Nach dem Rundgang am Berg geht es wieder ins Tal. Auf Nebenstraßen führt der Weg über Sittersdorf, Wildenstein und St. Margareten im Rosental nach Ferlach *(S. 57)*. Das sehenswerte *Museum* zur Geschichte der weltberühmten Ferlacher Büchsenmacher *(Büchsenmacher- und Jagdmuseum | Sponheimerplatz 1 | Mai–Okt. tgl. 10–18 Uhr, Nov.–April Di–Fr 14–18 Uhr)* sollten Sie hier nicht auslassen. Von Ferlach sind Sie in rund 20 Minuten in Klagenfurt.

2 ÜBER DIE NOCKALM ZUM WEISSENSEE UND NACH VILLACH

Ein unvergesslicher Tag mit dem Motorrad: Auf anspruchsvollen, weil kurvigen Straßen geht es rund 350 km lang durch herrliche Natur.

Feldkirchen ist der Ausgangspunkt für den Trip. Die Fahrt führt zunächst nach Nordwesten, über eine kurvenreiche Strecke gelangt man nach Ebene Reichenau. Von hier geht es auf der mautpflichtigen Nockalmstraße (7 Euro, Pkw 13 Euro) direkt durch den Nationalpark Nockberge *(S. 81)*. Die reizvolle, unberührte Natur lädt zu kleinen Pausen ein. Besonders empfehlenswert ist das *Karlbad* ungefähr auf halber Strecke der Nockalmstraße: Hier gibt es die klassische Kärntner Brettljause ohne jeden Schnickschnack in gediegener Qualität (Anmeldung für Bäder beim

Bad Kleinkirchheimer Tourismusmarketing | Dorfstraße 3 | Bad Kleinkirchheim | Tel. 042 40/82 12). Die Nockalmstraße endet in Innerkrems.

Ab Krems geht es dann entlang der Lieser Richtung Spittal an der Drau. Ein wichtiger Zwischenstopp für Motorfreaks ist Gmünd *(S. 78)* mit seinem Porsche-Museum.

Von Spittal *(S. 76)* fährt man zunächst westwärts auf der Bundesstraße Richtung Drautal. So richtig kurvig wird es, wenn man in Greifenburg Richtung Weißensee *(S. 64)* abbiegt. Zum gleichnamigen See ist es von dieser Straße, die weiter ins Gailtal führt, nur ein kleiner Abstecher, und zwar ein lohnender: Das Ufer des Weißensees ist nahezu unverbaut, ein herrlicher Fleck für eine Pause. Nach einer Rast geht es weiter Richtung Hermagor *(S. 61)* im Gailtal. Die Straße ist eng und kurvig. Von Hermagor führt dann wieder eine für Motorräder reizvolle Strecke nach Villach *(S. 64)*.

3 AUF DEM DRAURADWEG DURCH DAS GANZE LAND

In vier bis sieben Tagen erlaubt es der knapp 250 km lange Drauradweg, Kärnten von Osttirol bis zur slowenischen Grenze zu durchqueren.

Neben dem Hauptfluss Kärntens, der Drau, verläuft der Drauradweg stetig flussabwärts. Der Start erfolgt in Sillian in Osttirol. Die erste Zwischenstation ist auf jeden Fall Lienz, die Hauptstadt Osttirols, eine prächtige Alpenstadt. Viele Sehenswürdigkeiten, der lebendige Hauptplatz und zahlreiche Restaurants laden zu einer Pause, vielleicht auch schon zur ersten Übernachtung.

> *www.marcopolo.de/kaernten*

AUSFLÜGE & TOUREN

Einige Kilometer nach Lienz überradelt man die Grenze zu Kärnten. Durch prachtvolle Aulandschaft geht es vorbei an den Orten Oberdrauburg, Irschen, Dellach, Berg und Greifenburg. Das nächste Etappenziel ist Spittal an der Drau *(S. 76)*. Sanft schlängelt sich die Drau dann talabwärts Richtung Villach *(S. 64)*.

Von Villach führt die Route südlich des Wörthersees durch das Rosental, ein viel besungenes und für seinen landschaftlichen Reiz gerühmtes Tal. Rosegg ist ein guter Ort für eine Pause. Zum einen gibt es mitten im Ort die ausgezeichnete Pizzeria *Casa Barbara (Rosegg 88 | Tel. 042 74/32 26 | Küche öffnet von Mo–Sa erst um 17 Uhr, So und feiertags ab 11 Uhr | €)*. Zum anderen bietet sich das Schloss Rosegg mit seinem Tierpark und seinem kleinen Wachsfigurenkabinett für einen Besuch an. 2007 wurde in und um Rosegg auch ein Landart-Weg angelegt, an dem junge Künstler mit Holz, Geäst und Steinen mehrere künstlerische Verweilorte geschaffen haben. Mit der *Keltenwelt Frög* gibt es hier so viel zu sehen, dass sich Rosegg als Übernachtungsstation anbietet.

Ferlach *(S. 57)*, der nächste größere Ort auf der Strecke, lädt ebenfalls zu einem Besuch. Empfehlenswert ist direkt an der Drau das *Restaurant* im Gasthof *Auf der Huabn (S. 58)*.

Der Drauradweg führt mittlerweile bis zur slowenischen Grenze nach Lavamünd und wird im Nachbarland weiter ausgebaut. Besonderen Nervenkitzel bietet die *Hängebrücke Santa Lucia* bei Ruden, über die Radfahrer ihr Gefährt allerdings schieben müssen.

Mitten durch den Nationalpark führt die mautpflichtige Nockalmstraße

98 | 99

EIN TAG IN KÄRNTEN
Action pur und einmalige Erlebnisse.
Gehen Sie auf Tour mit unserem Szene-Scout

DEFTIGER START IN DEN TAG
8:00

Das liefert Kraft! In der *Mostschenke* gibt's eine zünftige Brettl- oder Holzhackerjause mit frischem Brot und durchzogenem Speck. Wer es noch deftiger mag, bestellt die Essigwurst mit Kürbiskernöl. **WO?** *Familie Kaschnig, Eis 11, Ruden | Tel. 042 34/82 73 | www.kaschnig.at*

ADRENALINKICK
9:00

Beim House-Running heißt es jetzt: allen Mut zusammennehmen! Ein Blick in den Abgrund, tief durchatmen und den Schritt nach vorne wagen! Schon befindet man sich in der Waagerechten – jetzt gibt's kein Zurück mehr! Gut gesichert geht's 96 m in die Tiefe, den Pfeiler der höchsten Eisenbahnbrücke Europas hinab. Adrenalin pur! **WO?** *Jauntal Bungy Adventure, Eis 81, Ruden | ab 7 Personen | Anmeldung unter Tel. 042 34/222 | Kosten: 45 Euro/Person | www.bungy.at*

HANDGEMACHT
11:30

Lust auf Kultur? Einzigartig in Kärnten: Im Aromagarten wird Hanfpapier noch selbst geschöpft. Nachdem die Sinne im Kräutergarten belebt wurden, heißt es ran an den Hanf. Den Schöpfrahmen tief in das Hanf-Wasser-Gemisch tunken, schwenken, abschöpfen, trocknen lassen und fertig ist ein handgemachtes Kunstwerk. **WO?** *Aromagarten GiDoSa, Hanfpapiermanufaktur, Salchendorf 6, Pischeldorf | Anmeldung unter Tel. 06 99/10 08 88 07 | Kosten: 70 Euro*

LIGHT LUNCH
13:00

In *Aqua* gibt's einen kulinarischen Mix aus Kärnten und Italien. Typisch für die Region, denn die mediterrane Küche schwappt immer wieder über die Grenze! Wie wär's zum Beispiel mit gebratenen Rinderfiletscheiben auf Rucola mit Grana Padano, gerösteten Pinienkernen und Kirschtomaten? Die große Terrasse und den Blick über den Wörthersee gibt's frei Haus dazu. **WO?** *Am See Corso 3, Velden | Tel. 042 74/517 71 | www.aqua-velden.at*

24 h

WASSERSPORT
14:00
Rauf auf die Bretter und beim Wasserski auf dem Wörthersee durchstarten. Während das Boot Gas gibt, reitet man die Wellen und riskiert ab und an einen Blick zu den Profis, die nebenan über das Wasser jagen. **WO?** *Strandclub Velden, Seepromenade, Velden* | Tel. 042 74/511 01 | Kosten: 13 Euro | www.strandclub.info

17:00
TIME TO RELAX

Wellness im Einklang mit Natur und Mondzyklus! Im *Auriga Spa* in Velden richten sich die Behandlungen nach den Mondphasen. Erholsame Fußmassagen mit Fenchel und Wacholder sind Teil des entspannenden Neumond-Treatments. Zu Vollmond hingegen heißt es so richtig loslegen und auspowern. **WO?** *Im Schloss Velden, Schlosspark 1* | Anmeldung unter Tel. 04 27/520 00 53 00 | Kosten: 220 Euro/2 Std. | www.aurigaspa.de

SCHMANKERLN IM GEWÖLBEKELLER
20:00

Das *Gasthaus im Landhaushof* verbindet modernes Ambiente mit Tradition. Doch die edlen Holztische sind nicht alles: Hier kommen echte Kärntner Schmankerln auf den Tisch. Original Kasnudeln mit brauner Butter oder das Vanilleparfait mit Kernöl und Marillen! **WO?** *Landhaushof 1, Klagenfurt* | Tel. 04 63/50 23 63 | www.gasthaus-im-landhaushof.at

23:00
FEIERLAUNE
Party on in der *Havanna Lifestyle Bar*. Nach einem kurzen Streifzug durch die riesige Cocktailkarte ist es Zeit, sich unters Partyvolk zu mischen und ausgelassen zu feiern. Tipp: Donnerstags stehen wechselnde Veranstaltungen mit Livemusik auf dem Programm. **WO?** *Havanna Livestyle Bar, Osterwitzgasse 5, Klagenfurt* | Mi bis Sa | www.havana-bar.at

> BERGGIPFEL, WILDBÄCHE UND BADESEEN

Kärntens Landschaft ist ein wahres Paradies für Wanderer und Wassersportler

> Am Vormittag eine Canyoningtour in den Bergen, am Nachmittag der Sprung in einen der glasklaren Badeseen oder eine Runde Wasserski. Das Kärntner Sportangebot ist so vielfältig wie die Landschaft: Segeln, Golf, Klettern, Reiten und Angeln, aber auch Flößen und Paragleiten stehen auf dem Programm. Im Winter verwandeln sich die Badeseen verlässlich in spiegelglatte Schlittschuhseen. In den Bergen gibt es einige Tausend Kilometer Skipisten und Loipen.

Bild: Rafting auf der Möll

ANGELN

Ob gemütlich im Ruderboot oder bis zu den Hüften im Gebirgsbach: In Kärnten bekommen Petrijünger garantiert was an den Haken. Der Rekordhecht, der 2006 aus dem Millstätter See gezogen wurde, maß 131 cm. Mehr als 10000 Kärntner fischen regelmäßig. Für Urlauber mit Angelrute gibt es vor allem in der Vor- und Nachsaison Arrangements. Umfassende Informationen zum

SPORT & AKTIVITÄTEN

Fischerland Kärnten gibt es unter *www.kaerntner-fischerei.at*

CANYONING

Im Möll-, Lieser- und im Gailtal, aber auch in den Karawanken warten wilde Schluchten darauf, zu Fuß erobert zu werden. Es geht über Stock und Stein abwärts, immer dem Wasser folgend, Abseilen und Sprünge in tosende Becken inklusive. Dank ausgebildeter Führer und solider Ausrüstung ist das auch für Anfänger ein sicheres Abenteuer. Einen guten Überblick über Programme, Tagestouren und Schnupperkurse finden Sie bei *Abenteuer Alpen (Tel. 042 82/ 31 31 14 | Fax 31 31 31 | www.aben teueralpen.at)* in Hermagor.

FLÖSSEN

In Oberdrauburg werden den ganzen Sommer über Fahrten mit der „Plätten" angeboten, einem kleinen

Holzfloß mit Sitzen und Seitenwänden. *Information und Anmeldung bei Wilfried Manhart | Tel. 06 76/549 83 54 | Preis ab 20 Teilnehmer 30 Euro pro Person inklusive Grillen am Drauufer.* Natürlich können Sie auch mehrere Tage auf einem Floß verbringen und vom Wasser aus die Landschaft genießen. Da nicht nur bei schönem Wetter geflößt wird, sollten Sie unbedingt wetterfeste Kleidung und gegebenenfalls Gummistiefel mitnehmen. *Information und Anmeldungen: Messner Raft Company | Ainet/Osttirol | Tel./Fax 048 53/52 31 | www.flossfahrten.at*

GOLF

Neun Golfplätze in einem Umkreis von 170 km lassen sich in Kärnten bespielen. In Pörtschach und Klagenfurt-Seltenheim gibt es 27-Loch-Anlagen. *Golfland Kärnten | Tel. 042 72/36 20 85 | Fax 36 20 90 | www.golfland.kaernten.at*

KLETTERN

Der Kanzianiberg am Faaker See bietet Routen für Anfänger und Fortgeschrittene *(Alpinschule Vierjahreszeiten | Tel. 06 64/ 226 10 23 | www.vjz-aplin.at).* In der Kletterschule in Kötschach-Mauthen im Gailtal stehen auch Ausflüge in einen Kletterstollen und ein wenig Geologie auf dem Stundenplan *(Tel./Fax 047 15/ 83 58 | www.alpin-brandy.com).*

NORDIC WALKING

Nordic Walking können Sie z.B. in Bad Kleinkirchheim erlernen – mehrmals wöchentlich gibt es Schnupperstunden *(Auskunft bei der Bergbahn | Tel. 042 40/82 82).*

PARAGLIDING

Mit Aussicht auf den Ossiacher See schweben die Paraglider ins Tal. Eine Woche Grundkurs mit Flug kostet 490 Euro. *Kärntner Paragleitschule | Annenheim | Tel. 042 48/34 00 | Fax 34 44 | www.kaerntner-flugschulen.at*

Hoch zu Ross die Gegend erkunden – das Reitwegenetz in Kärnten ist riesig

SPORT & AKTIVITÄTEN

RADFAHREN & MOUNTAINBIKING

Radwege gibt es in ganz Kärnten, viele führen rund um die Badeseen. Tourenvorschläge bei *Kärnten-Radreisen in Pörtschach (Tel. 042 72/ 36 20 81 | www.kaernten-radreisen. at)*. Für längere Touren werden Übernachtung und Gepäcktransport angeboten. Durch die Nockberge schlängelt sich das größte Mountainbike-Wegenetz Österreichs: 1000 km Rad- und Mountainbikewege aller Schwierigkeitsgrade vom gemütlichen Raderlebnis für die Familie bis zur anspruchsvollen MTB-Tour über Schotterstraßen, bei der etliche Höhenmeter zu überwinden sind. Zahlreiche Betriebe bieten den „Nockbike"-Service mit Rückhol- und Reparaturdienst. *Tel. 042 40/82 12 | Fax 85 37 | www.badkleinkirchheim.at*

RAFTING & HYDROSPEED

Mehrere Raftingschulen bieten Familientouren oder Touren für Fortgeschrittene. Noch schneller geht es mit dem Hydrospeed, einer Art Minisurfbrett für Flüsse. Auskunft: *Information Jamnig | Tel. 047 84/81 10*

REITEN

Mit rund 1500 km verfügt Kärnten über das größte zusammenhängende Reitwegenetz Europas. Auf 80 Gast- und Bauernhöfen mit Reitstall gibt es Kurse für Anfänger und Fortgeschrittene. Am Dienstlgut in Launsdorf in Mittelkärnten bietet ==Österreichs erste Poloschule== Kurse im Ballspiel hoch zu Ross. Ein zweitägiger Schnupperkurs mit Übernachtung und Halbpension kostet 420 Euro. Auskunft: *Reit-Eldorado Kärnten | St. Georgen*

am Längsee | Tel. 042 13/21 40 | www.dienstlgut.com

SEGELN, SURFEN & WASSERSKI

Schulen und Ausrüstungsverleih gibt es an fast allen Kärntner Badeseen. *Info: örtliches Tourismusbüro.*

TAUCHEN

Die Unterwasserwelt des Weißensees gilt unter Tauchern als Geheimtipp. Zwei Stunden Schnuppertauchen gibt es für 33 Euro. *Tauchschule Easy Dive | Techendorf | Tel. 06 76/ 633 03 55 | www.easydive.at*

WANDERN

Schöne Touren gibt es vor allem in den zwei Kärntner Nationalparks: In den Hohen Tauern geht es zur Wildtierbeobachtung und auf den Gletscher der Pasterze. Die Nockberge bieten sich mit ihren sanften Kuppen, liebevoll ==Nocky Mountains== genannt, für gemütliche Familienwanderungen an. 500 Mio. Jahre Erdgeschichte macht der Geo-Trail in den Karnischen Alpen erlebbar. Infos über Routen, Bergführer und Übernachtungsmöglichkeiten in den *örtlichen Tourismusbüros.*

WINTERSPORT

Skifahren, Langlaufen, Schlittschuhlaufen, Rodeln ist in ganz Kärnten möglich. Um nahezu alle der 30 Skigebiete auszuprobieren, reicht eine einzige Liftkarte, der Top-Ski-Kärnten-Pass. Wer den Sport der Einheimischen, das Eisstockschießen, erlernen möchte, dem sei im Winter ein Besuch in einem der zahlreichen Dorfwirtshäuser empfohlen.

> BÄRENSTARKES FAMILIENLAND

Im Ursprungsland der Babyhotels haben Angebote für Familien und kleine Gäste eine lange Tradition

> Was anderswo Sterne über die Qualität des Urlaubsziels aussagen, übernehmen in Kärnten die Bären: Zwei, drei oder vier Bären dienen zur Qualifizierung der Kärntner Familienspezialisten.

Hunderte Hotels und Gasthöfe haben sich ganz auf die kleinen Gäste eingestellt und lassen keine Langeweile aufkommen. Und die Eltern können ein paar Stunden in Zweisamkeit genießen – ausgebildete Betreuer kümmern sich derweil um den Nachwuchs.

Bild: Erlebnispark Pressegger See

Lieser- und Maltatal haben sich zum „Tal der Schnuller" erklärt – hier sorgt sich eine Reihe von Babyhotels schon um die kleinsten Gäste *(Tel. 047 32/30 00, Fax 244 88 | www.babydorf.at)*. Babyausstattung im Zimmer und Ponyreiten bieten auch 40 Bauernhöfe an *(www.urlaubambauernhof.com)*.

Dass auf Kinder Rücksicht genommen wird, versteht sich in Kärnten von selbst. Zum einen garantieren

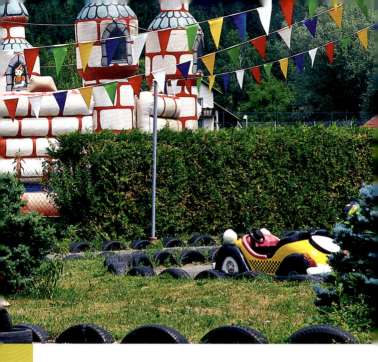

MIT KINDERN REISEN

zufriedene Kinder auch zufriedene Eltern, und die Kinder sind schließlich die Erwachsenen von morgen, die das Tourismusland Kärnten durchaus an sich binden möchte.

MITTELKÄRNTEN
FREIZEITPARK WÖRTHERSEE
IN KLAGENFURT [120 B5]
Neben dem Europapark liegen drei beliebte Ziele Kärntens: Die kleine Stadt *Minimundus (April und Okt. tgl. 9–17 Uhr, Mai, Juni, Sept. 9–18 Uhr, Juli/Aug. 9–21 Uhr | 12 Euro, Kinder 7 Euro, Familienkarte 26 Euro | www.minimundus.at)* macht auch großen Leuten Spaß. 170 Modelle berühmter Bauten aus aller Welt sind hier im Maßstab 1:25 zu sehen. Neben Minimundus befindet sich der *Reptilienzoo Happ (Sommer tgl. 8–18 Uhr, Winter 9–17 Uhr | 9,50 Euro, Kinder 5,50 Euro | www.reptilienzoo.at)* mit Schlangen, Echsen

und Kröten aus aller Welt. Ein paar Meter weiter dringen Sie im *Planetarium (Vorführungen April–Juni und Sept./Okt. tgl. 9.30–17.30 Uhr; Juli/Aug. 9.30–20 Uhr | Eintritt in Minimunduskarte inbegriffen, sonst:*

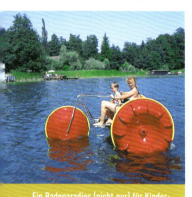

Ein Badeparadies (nicht nur) für Kinder: der Wörthersee

8 Euro, Kinder 5 Euro) zu fremden Galaxien vor.

ZAUBERWALD RAUSCHELESEE
IN KEUTSCHACH [120 A5]
Auf Harry Potters Spuren geht es durch einen Wald voll von Hexen, Zauberern, Feen und sprechenden Bäumen. *Mitte April–Okt. tgl. 11–17 Uhr | um 3,50 Euro*

ZWERGENPARK GURKTAL
IN GURK [120 B2]
1000 Gartenzwerge in einem Landschaftsgarten, durch den eine Liliputbahn rollt. Kinder können ihren eigenen Zwerg bemalen. *Mai, Juni, Sept. tgl. 10–16 Uhr; Juli/Aug. 10–18 Uhr | 4,80 Euro, Kinder ab 5 Jahre 3,30 Euro | www.zwergenpark.com*

Insider Tipp

■ SÜDKÄRNTEN
AFFENPARK UND ADLERWARTE
BURG LANDSKRON [119 D5]
Adler, Bussarde und Geier sind hier aus nächster Nähe im Jagdflug zu bewundern. Eine Führung am Affenberg gibt Einblick in das Leben der Makaken – nicht nur für Kinder ein tierischer Spaß! *Adlerwarte Mai–Sept. tgl. 11 und 15 Uhr, Juli/Aug. auch 17.30 Uhr | 8 Euro, Kinder 4 Euro | Affenberg April–Okt. tgl. 9.30–17.30 Uhr | 8,50 Euro, Kinder 4,50 Euro*

ERLEBNISPARK
PRESSEGGER SEE [118 A5]
Sich einmal wie ein Astronaut fühlen oder mit den Miniautos herumdüsen. *Mai–Sept. tgl. 9–18 Uhr | 15 Euro | www.erlebnispark.cc*

ERLEBNISTHERME
WARMBAD VILLACH [118 C5]
Die 20 m lange Breitrutsche, der Wildwassersprudel und die Sauna machen gute Laune an Regentagen. *Juni–Mitte Sept. tgl. 9–20 Uhr, Mitte Sept.–Mai 10–21 Uhr | 10,50 Euro, Kinder bis 10 Jahre 5,80 Euro, ab 10 Jahre 6,30 Euro | www.warmbad.at*

ERSTE SCHRITTE AM FELS [119 D6]
Kletterkurse für Kinder ab 12 Jahre bietet die Kletterschule Highlife am Kanzianiberg nahe dem Faaker See. Jeden Sonntag gibt es Schnupperkurse im Klettern. Anmeldung erforderlich. *Tel. 04 63/59 51 89 | www.highlife.co.at | 30 Euro pro Tageskurs*

LAMATREKKING [119 D6]
Trekkingtouren in Begleitung von Lamas bietet der Wanderführer Wal-

Insider Tipp

> **www.marcopolo.de/kaernten**

MIT KINDERN REISEN

ter Mamedorf in Latschach am Faaker See an. Die gutmütigen Tiere tragen den Rucksack – so macht Wandern auch Kindern Spaß. Eine Tour dauert etwa drei Stunden. *Tel. 06 64/135 57 43*

WILDTIERPARK ROSEGG [119 D5]
Rehe, Bisons und Wölfe in einem großen Freigelände. Streichelzoo. *April–Nov. tgl. 9–17, Juli/Aug. 9–18 Uhr | 7,50 Euro, Kinder 4,50 Euro*

OBERKÄRNTEN

BIOS-NATIONALPARKZENTRUM MALLNITZ [117 D2]
Tasten, riechen, ausprobieren: eine Erlebniswelt rund um die vier Elemente Erde, Wasser, Luft und Sonne. *Mitte Mai–Okt. tgl. 10–18 Uhr | 8,70 Euro, Kinder 4,70 Euro, Familienkarte 19,60 Euro | www.bios-hohe tauern.at*

GOLDWASCHEN IN HEILIGENBLUT [116 C2]
Das Goldwaschen hat in den Hohen Tauern lange Tradition. Ein paar Körnchen finden sich in den Flüssen noch heute. *Ein Goldgräbertag im renovierten Goldgräberdorf Alter Pocher kostet inklusive Picknick für Erwachsene 17 Euro, für Kinder 12 Euro | Tourismusbüro Heiligenblut | Tel. 048 24/20 01*

HEIDI-ALM FALKERT IN DEN NOCKBERGEN [118 C3]
Heidi, Alm-Öhi und andere Figuren aus dem Zeichentrickfilm sind entlang einem Wanderweg zu bewundern. *Ende Mai–Okt. tgl. 10–17 Uhr | 5 Euro, Kinder 2,50 Euro | www. heidialm.at*

MÄRCHENWANDERMEILE UND DRACHENSCHLUCHT TREBESING [118 A3]
3 km langer Wanderweg vorbei an Märchenstationen, wo Feen Märchen vorlesen. Zufahrt mit den Taka-Tuka-Märchentraktoren vom Parkplatz in Trebesing. Über die Drachenschlucht führt die längste Hängebrücke der Alpen (175 m). *Mitte Mai–Okt. tgl. 9.30–17 Uhr | 5,70 Euro, Kinder 3,70 Euro, Kombikarte mit Traktorfahrt 9,70 Euro, Kinder 6,20 Euro*

Ordentlich Platz zum Rumtoben

OSTKÄRNTEN

VOGELPARK TURNERSEE IN ST. PRIMUS [120 C5]
Sittiche, Papageien, Fasane und Greifvögel – wer mag, kann beim Füttern der Vogelbabys zuschauen. *April–Sept. tgl. 9–18 Uhr, Okt. 10–16 Uhr | 7 Euro, Kinder 3,50 Euro*

108 | 109

> VON ANREISE BIS ZOLL

Urlaub von Anfang bis Ende: die wichtigsten Adressen und Informationen für Ihre Kärntenreise

ANREISE

AUTO

Von Norden und Nordwesten: A 10 (Tauernautobahn mit Tauerntunnel, 10 Euro). Besonders schöne Routen führen über die Felbertauern von Kufstein und Mittersill weiter nach Lienz und dann ins Drau- oder Mölltal (Maut 10 Euro) und über die Großglockner-Hochalpenstraße (für Wohnwagen gesperrt) von Zell am See im Bundesland Salzburg nach Heiligenblut in Kärnten (Maut 28 Euro, im ÖAMTC-Vorverkauf 24 Euro). Auch über das Salzburger Gasteinertal und den Tauernbahntunnel kommt man nach Kärnten (Autoverladung zwischen Böckstein und Mallnitz im Stundentakt zwischen 5 und 21 Uhr, 17 Euro, hin und zurück 30 Euro). Neben der Maut für die genannten Teilstrecken sind die österreichischen Autobahnen vignettenpflichtig: 10-Tage-Vignette 7,70 Euro, 2-Monats-Vignette 22,20 Euro. Eine bequeme, aber nicht billige Alternative sind Autozüge nach Villach von Hamburg, Hildesheim, Berlin, Düsseldorf, Dortmund und Frankfurt.

BAHN

Die Zugverbindungen nach Kärnten sind sehr gut. Jede größere Stadt ist an das Bahnnetz angeschlossen. In entlegenere Gebiete gibt es regelmäßige Busverbindungen. *www.oebb.at*

> WWW.MARCOPOLO.DE
Ihr Reise- und Freizeitportal im Internet!

> Aktuelle multimediale Informationen, Insider-Tipps und Angebote zu Zielen weltweit ... und für Ihre Stadt zu Hause!

> Interaktive Karten mit eingezeichneten Sehenswürdigkeiten, Hotels, Restaurants etc.

> Inspirierende Bilder, Videos, Reportagen

> Kostenloser 14-täglicher MARCO POLO Podcast: Hören Sie sich in ferne Länder und quirlige Metropolen!

> Gewinnspiele mit attraktiven Preisen

> Bewertungen, Tipps und Beiträge von Reisenden in der lebhaften MARCO POLO Community: *Jetzt mitmachen und kostenlos registrieren!*

> Praktische Services wie Routenplaner, Währungsrechner etc.

Abonnieren Sie den kostenlosen MARCO POLO Newsletter ... wir informieren Sie 14-täglich über Neuigkeiten auf marcopolo.de!

Reinklicken und wegträumen!
www.marcopolo.de

> MARCO POLO speziell für Ihr Handy! Zahlreiche Informationen aus den Reiseführern, Stadtpläne mit 100 000 eingezeichneten Zielen, Routenplaner und vieles mehr.
mobile.marcopolo.de (auf dem Handy)
www.marcopolo.de/mobile (Demo und weitere Infos auf der Website)

PRAKTISCHE HINWEISE

FLUGZEUG

Der Flughafen Klagenfurt wird über Wien von allen großen deutschen Flughäfen aus angeflogen. Günstige Direktflüge gibt es mehrmals wöchentlich mit Tuifly *(www.tuifly. com)* von Köln, Hannover, Hamburg und Berlin.

AUSKUNFT

ÖSTERREICH

Österreich Information | Margareten-str. 1 | 1040 Wien | www.austria.info | Infotel. zum Ortstarif
– aus Deutschland 018 02 10 18 18 | Fax 018 02 10 18 19
– aus der Schweiz 08 42 10 18 18 | Fax 08 10 10 18 19

KÄRNTEN

Kärnten-Information | Casinoplatz 1 | 9220 Velden | Tel. 04 63/30 00 | Fax 042 74/521 00 50 | www.kaernten.at

AUTO

Die Höchstgeschwindigkeiten in Österreich: auf der Autobahn 130 km/h, auf Landstraßen 100 km/h, innerorts 50 km/h. Die Promillegrenze liegt bei 0,5. Viele Bergstraßen sind mautpflichtig (Gebühren: 10–26 Euro. *ARBÖ-Pannendienst Tel. 123, ÖAMTC-Pannenhilfe Tel. 120.* Bei Pannen auf Autobahnen und Schnellstraßen muss beim Verlassen des Wagens eine Warnweste angelegt werden. Das Telefonieren ist ohne Freisprecheinrichtung verboten.

CAMPING

Ein Verzeichnis mit Lage und Ausstattung der rund 100 Campingplätze kann man bei der Kärnten-Information beziehen. *www.campsite.at*

WAS KOSTET WIE VIEL?

MAHLZEIT	AB 9 EURO	für ein einfaches Mittagessen
KAFFEE	AB 2,20 EURO	für eine Tasse Verlängerten
BIER	AB 2,40 EURO	für ein kleines Bier
PORTO	55 CENT	ins europäische Ausland
FREIBAD	UM 3 EURO	Eintritt in die Seebäder
BENZIN	UM 1,30 EURO	für 1 l Super bleifrei

DIPLOMATISCHE VERTRETUNGEN

DEUTSCHE BOTSCHAFT

Metternichgasse 3 | 1030 Wien | Tel. 01/71 15 40 | Fax 713 83 66 | info@ wien.diplo.at

SCHWEIZER BOTSCHAFT

Prinz-Eugen-Str. 7 | 1030 Wien | Tel. 01/79 50 50 | Fax 795 05 21 | vertretung@vie.rep.admin.ch

GESUNDHEIT

Am praktischsten ist ein Auslandskrankenschein. Anderenfalls müssen Sie Arztrechnungen bei Ihrer heimischen Kasse zur Erstattung einreichen. Im Sommer wird eine Schutzimpfung gegen die durch Zeckenbisse übertragenen Krankheiten empfohlen.

INTERNET

Einen Überblick mit vielen Links liefert *www.kaernten.at*. Anbieter von Trendsportarten finden Sie unter *www.abenteueralpen.at;* Bars, Restaurants und Cafés unter *www.wogehmahin.info*. Über das Tagesgeschehen und Veranstaltungen informieren *http://kaernten.orf.at*, *http://tv.orf.at/ondemand/*, *www.kleinezeitung.at* und *www.kulturchannel.at*. Über einzelne Regionen informieren *www.lesachtal.com*, *www.groß-glockner.at*, *www.woerthersee.com*, *www.klopeinersee.*

at, *www.region-villach.at*, *www.spittalonline.at*, *www.naturarena.com*, *www.lovntol.at*, *www.stveit.carinthia.at*, *www.millstaettersee.at*, *www.bkk.at*. Und nun das Wetter: *www.wetter.at/wetter/oesterreich/kaernten* und *www.bergfex.at/kaernten/wetter*.

INTERNETCAFÉS

G@tes-Internetcafé | Waagplatz 7 | Klagenfurt | Tel. 04 63/50 97 77; Sir Magic's Internet-Café | Waaggasse 10 | Tel. 04 63/59 45 94 | www.internet-cafe.at; Cafeteria Nikolai | Nikolaigasse 16 | Villach | Tel. 042 42/225 11 | www.nic-edv.at

JUGENDHERBERGEN

In Kärnten gibt es elf Jugendherbergen, ganzjährig geöffnet sind diejenigen in Klagenfurt, Villach, Spittal, Velden und Heiligenblut. Auskunft: *Tel. 0043/463/23 00 19 | Fax 23 00 19 13 | www.oejhv.or.at*

WETTER IN KLAGENFURT

Jan.	Feb.	März	April	Mai	Juni	Juli	Aug.	Sept.	Okt.	Nov.	Dez.
−1	3	9	15	19	23	25	24	20	13	6	0

Tagestemperaturen in °C

−8	−7	−2	−3	8	12	14	13	10	5	1	−4

Nachttemperaturen in °C

3	4	5	6	7	7	8	8	6	4	2	1

Sonnenschein Std./Tag

6	6	6	9	11	12	11	10	8	9	7	7

Niederschlag Tage/Monat

2	1	4	8	14	19	22	22	20	15	10	5

Wassertemperaturen in °C

PRAKTISCHE HINWEISE

KÄRNTEN-CARD

Von Anfang April bis Ende Oktober gibt es die zwei Wochen lang gültige Kärnten-Card *(32 Euro, Kinder 13 Euro, Kinder unter 6 Jahre und ab dem dritten Kind gratis)*. Sie gewährt beliebig oft freien Eintritt in mehr als 100 Ausflugsziele und Museen, auch die Fahrt mit Schiffen und Bergbahnen ist damit frei, die Maut auf manchen Bergstraßen entfällt. Sie erhalten die Kärnten-Card in den Tourismusbüros oder können Sie bereits mit dem Zimmer mitbuchen. *www.kaerntencard.co.at*

MUSEEN

Der Eintritt für Museen liegt für Erwachsene zwischen 5 und 10 Euro. Kinder zahlen entsprechend weniger.

NOTRUF

Ärztenotdienst: *141;* Polizei: *133;* Feuerwehr: *122;* Unfallrettung: *144;* Bergrettung: *140*

ÖFFNUNGSZEITEN

Touristeninformation: in der Saison meistens tgl. 8–18 Uhr; Geschäfte: Mo–Fr bis 18 oder 18.30 Uhr, Sa bis 12 oder 17 Uhr. In Ferienzentren sind die Ladenschlusszeiten in der Saison oft aufgehoben. Und während der Saison haben so gut wie alle gastronomischen Betriebe keinen Ruhetag.

TELEFON & HANDY

Vorwahl nach Deutschland 0049, in die Schweiz 0041, nach Österreich 0043. Bei Auslandsgesprächen die Null der Ortsvorwahl weglassen. Telefonzellen akzeptieren sowohl Münzen als auch Wertkarten zu 5 oder 10 Euro. In Österreich gibt es fünf Mobilfunkanbieter: A1 *(www.A1.net)*, T-Mobil *(www.t-mobile.com)*, One *(www.one.at)*, Telering *(www.tele ring.at)* und Drei *(www.drei.at)*. Mit einer österreichischen Prepaid-Karte entfallen die Gebühren für eingehende Anrufe. Prepaid-Karten wie die von GlobalSim *(www.globalsim.net)* oder Globilo *(www.globilo.de)* sind zwar teurer, ersparen aber ebenfalls alle Roaming-Gebühren. Und: Sie bekommen schon zu Hause Ihre neue Nummer. Hohe Kosten verursacht die Mailbox: noch im Heimatland abschalten!

TRINKGELD

In Restaurants und Gaststätten ist ein Trinkgeld zwischen fünf und zehn Prozent üblich. Auch Portiers, Gepäckträger, Taxifahrer und Zimmermädchen erwarten ein Trinkgeld.

URLAUB IN DER ALMHÜTTE & AUF DEM BAUERNHOF

Die Auswahl ist riesig und reicht von der urigen Sennhütte ohne Strom und mit Plumpsklo bis zur Luxushütte mit Sauna und Kamin. *Urlaub auf dem Bauernhof | Viktringer Ring 5 | 9020 Klagenfurt | Tel. 0043/463/ 33 00 99 | Fax 33 00 99 33 | www.ur laubambauernhof.com*

WLAN

Hotspots gibt es in Hotels, am Flughafen und in McDonald's-Filialen.

ZOLL

Innerhalb der EU dürfen Waren für den persönlichen Bedarf frei ein- und ausgeführt werden. Richtwerte: 800 Zigaretten, 90 l Wein, 10 l Spirituosen. Für Schweizer gelten erheblich reduzierte Freimengen.

Burgruine Landskron

> UNTERWEGS IN KÄRNTEN

Die Seiteneinteilung für den Reiseatlas finden Sie auf dem hinteren Umschlag dieses Reiseführers

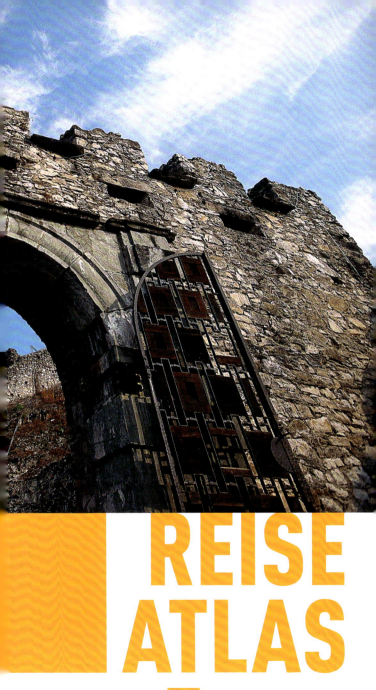

REISE ATLAS

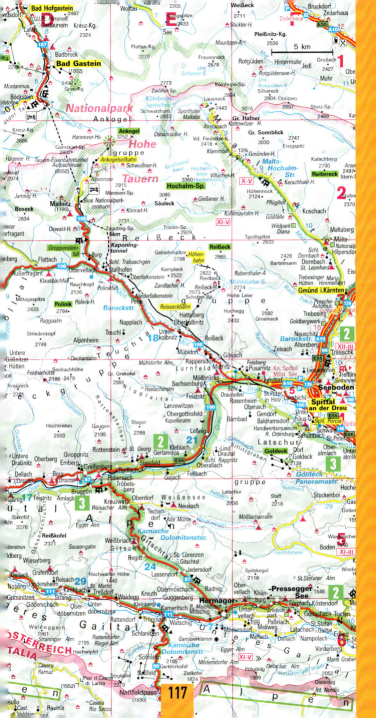

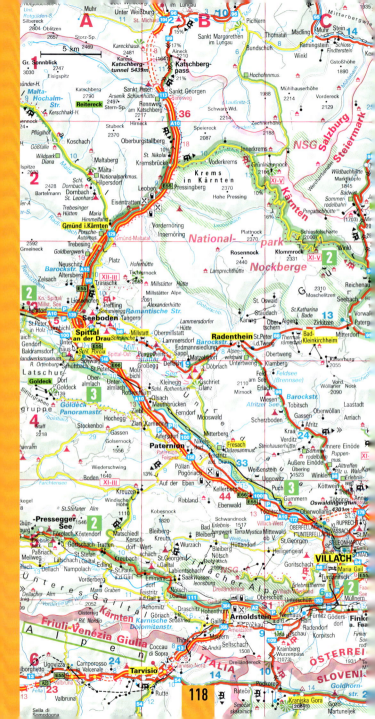

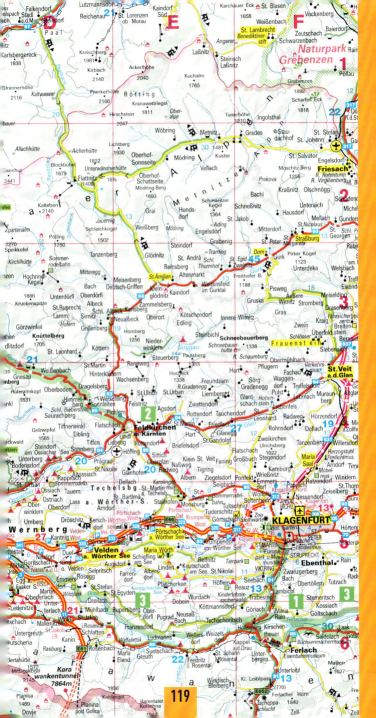

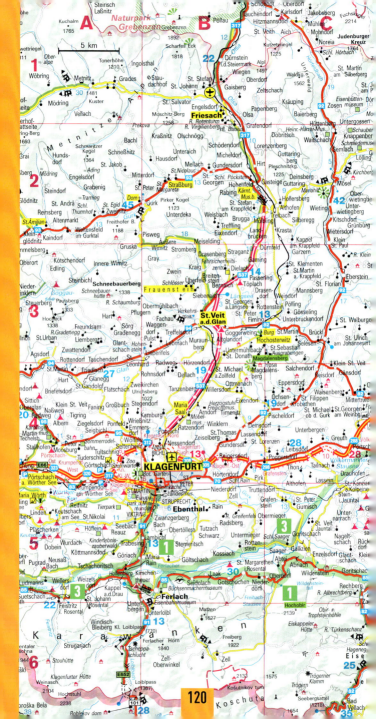

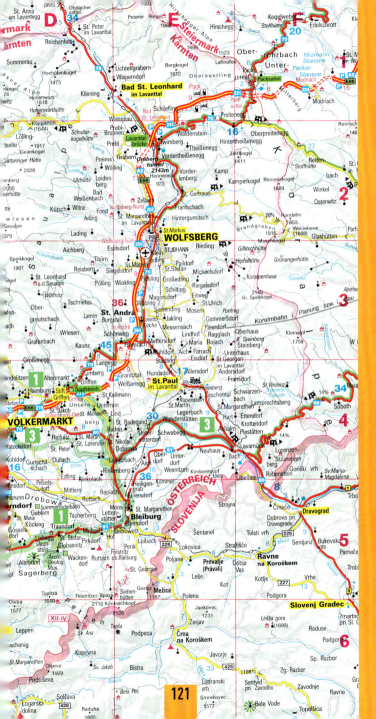

KARTENLEGENDE

122

FÜR IHRE NÄCHSTE REISE

gibt es folgende MARCO POLO Titel:

DEUTSCHLAND
Allgäu
Amrum/Föhr
Bayerischer Wald
Berlin
Bodensee
Chiemgau/Berchtes-
    gadener Land
Dresden/Sächsische
    Schweiz
Düsseldorf
Eifel
Erzgebirge/Vogtland
Franken
Frankfurt
Hamburg
Harz
Heidelberg
Köln
Lausitz/Spreewald/
    Zittauer Gebirge
Leipzig
Lüneburger Heide/
    Wendland
Mark Brandenburg
Mecklenburgische
    Seenplatte
Mosel
München
Nordseeküste
    Schleswig-
    Holstein
Oberbayern
Ostfriesische Inseln
Ostfriesland/
    Nordseeküste
    Niedersachsen/
    Helgoland
Ostseeküste
    Mecklenburg-
    Vorpommern
Ostseeküste
    Schleswig-
    Holstein
Pfalz
Potsdam
Rheingau/
    Wiesbaden
Rügen/Hiddensee/
    Stralsund
Ruhrgebiet
Schwäbische Alb
Schwarzwald
Stuttgart
Sylt
Thüringen
Usedom
Weimar

ÖSTERREICH | SCHWEIZ
Berner Oberland/
    Bern
Kärnten
Österreich
Salzburger Land
Schweiz
Tessin
Tirol
Wien
Zürich

FRANKREICH
Bretagne
Burgund
Côte d'Azur/Monaco
Elsass
Frankreich
Französische
    Atlantikküste
Korsika
Languedoc-Roussillon
Loire-Tal
Nizza/Antibes/Cannes/
    Monaco
Normandie
Paris
Provence

ITALIEN | MALTA
Apulien
Capri
Dolomiten
Elba/Toskanischer
    Archipel
Emilia-Romagna
Florenz
Gardasee
Golf von Neapel
Ischia
Italien
Italienische Adria
Italien Nord
Italien Süd
Kalabrien
Ligurien/
    Cinque Terre
Mailand/Lombardei
Malta/Gozo
Oberital. Seen
Piemont/Turin
Rom
Sardinien
Sizilien/
    Liparische Inseln
Südtirol
Toskana
Umbrien
Venedig
Venetien/Friaul

SPANIEN | PORTUGAL
Algarve
Andalusien
Barcelona
Baskenland/Bilbao
Costa Blanca
Costa Brava
Costa del Sol/Granada
Fuerteventura
Gran Canaria
Ibiza/Formentera
Jakobsweg/Spanien
La Gomera/El Hierro
Lanzarote
La Palma
Lissabon
Madeira
Madrid
Mallorca
Menorca
Portugal
Sevilla
Spanien
Teneriffa

NORDEUROPA
Bornholm
Dänemark
Finnland
Island
Kopenhagen
Norwegen
Schweden
Stockholm
Südschweden

WESTEUROPA | BENELUX
Amsterdam
Brüssel
Dublin
England
Flandern
Irland
Kanalinseln
London
Luxemburg
Niederlande
Niederländische
    Küste
Schottland
Südengland

OSTEUROPA
Baltikum
Budapest
Estland
Kaliningrader
    Gebiet
Lettland
Litauen/Kurische
    Nehrung
Masurische Seen
Moskau
Plattensee
Polen
Polnische Ostsee-
    küste/Danzig
Prag
Riesengebirge
Russland
Slowakei
St. Petersburg
Tschechien
Ungarn
Warschau

SÜDOSTEUROPA
Bulgarien
Bulgarische
    Schwarzmeerküste
Kroatische Küste/
    Dalmatien
Kroatische Küste/
    Istrien/Kvarner
Montenegro
Rumänien
Slowenien

GRIECHENLAND | TÜRKEI | ZYPERN
Athen
Chalkidiki
Griechenland
    Festland
Griechische
    Inseln/Ägäis
Istanbul
Korfu
Kos
Kreta
Peloponnes
Rhodos
Samos
Santorin
Türkei
Türkische Südküste
Türkische Westküste
Zakinthos
Zypern

NORDAMERIKA
Alaska
Chicago und
    die Großen Seen
Florida
Hawaii
Kalifornien
Kanada
Kanada Ost
Kanada West
Las Vegas
Los Angeles
New York
San Francisco
USA
USA Neuengland/
    Long Island
USA Ost
USA Südstaaten/
    New Orleans
USA Südwest
USA West
Washington D.C.

MITTEL- UND SÜDAMERIKA
Argentinien
Brasilien
Chile
Costa Rica
Dominikanische
    Republik
Jamaika
Karibik/
    Große Antillen
Karibik/
    Kleine Antillen
Kuba
Mexiko
Peru/Bolivien
Venezuela
Yucatán

AFRIKA | VORDERER ORIENT
Ägypten
Djerba/
    Südtunesien
Dubai/Vereinigte
    Arabische Emirate
Israel
Jerusalem
Jordanien
Kapstadt/
    Wine Lands/
    Garden Route
Kenia
Marokko
Namibia
Qatar/Bahrain/
    Kuwait
Rotes Meer/Sinai
Südafrika
Tunesien

ASIEN
Bali/Lombok
Bangkok
China
Hongkong/
    Macau
Indien
Japan
Ko Samui/
    Ko Phangan
Malaysia
Nepal
Peking
Philippinen
Phuket
Rajasthan
Shanghai
Singapur
Sri Lanka
Thailand
Tokio
Vietnam

INDISCHER OZEAN | PAZIFIK
Australien
Malediven
Mauritius
Neuseeland
Seychellen
Südsee

REGISTER

Im Register sind alle in diesem Führer erwähnten Orte und Ausflugsziele verzeichnet.
Halbfette Seitenzahlen verweisen auf den Haupteintrag, kursive auf ein Foto.

Afritzer See 76
Alter Platz 34
Althofen 48f.
Annenheim 71, 104
Apriach 80
Arnoldstein 18, 19
Arriach 71
Bad Bleiberg 13, **69**
Bad Eisenkappel 11, 58, *86,* **87f.**
Bad Kleinkirchheim 29, 76, **78,** 81, 98, 104
Bad St. Leonhard 93f.
Bleiburg 11, 21, 86, **88,** *89, 97*
Bodental **58f.,** *59,* 60
Bodensdorf 71, 73
Brennsee 76
Carantana 78
Diex 88f.
Dobein 60
Dobratsch 64, 65, **69f.**
Döbriach 76
Domkirche 34
Drauradweg 58, **98f.**
Dreiländereck 70
Eberndorf 18, **89**
Egg am Faaker See 70
Europapark 31, 33, *38,* **39f.,** 107
Faaker See 21, 23, 71, **70f.,** 72, 104, 108, 109
Falkert 109
Feldkirchen 98
Ferlach 54, **57ff.,** 98, 99
Finkenstein 23, **71**
Freilichtmuseum Carantana 78
Friesach 18, 23, 27, 32, **44ff.,** *45*
Gailtal 9, 18, 19, 22, 27, 55, 56, 61, 62, 64, 98, 103, 104
Gartnerkofel 63, 64
Gegendtal 76
Geo-Trail 105
Gerlamoos 78
Gerlitzen *54,* **71**
Globasnitz 90, 97
Gmünd 75, **78f.,** *79,* 98
Gräbern-Prebl 94
Gradenegg 48
Grafenbach 88
Granitzthal 27
Griffen 19, 29, 86, 88, **89,** 96
Großglockner-Hochalpenstraße *74,* **79f.,** 82, 110
Gundersheim 62
Gurk 19, 32, **46,** 48, 94, 108
Hafner See 60
Haimburg 89f.
Heidi-Alm Falkert 109
Heiligenblut 74, 79, **80,** 82, 109, 110, 112, 127
Heiligenkreuz 66
Hemmaberg **90,** 96, 97

Hermagor 27, 29, **61ff.,** 98, 103
Herzogsburg 43
Herzogstuhl 32, 41
Hirt 27, 45
Hochosterwitz 32, 42, **46f.,** 127
Hochtor 79
Hollenburg 59
Hüttenberg 11, **47,** 48, 86
Kanzianiberg **71,** 104, 108
Karnburg 40
Kärntenrelief 66
Keutschach 60, 108
Keutschacher See 21, 60
Keutschacher Seental 59f.
Kirschentheuer 58
Klagenfurt am Wörthersee 10, 13, 14, 15, 16, 18, 21, 23, 27, 29, *30,* 31, **32ff.,** 50, 51, 59, 92, 98, 101, 104, 107f., 111, 112, 113, 127, 128
Klopein 90f.
Klopeiner See 21, 86, **90f.**
Knappenberg 11, 47
Kölnbreinsperre 75, **80**
Kötschach-Mauthen **62,** 104
Köttmannsdorf 58
Kolbnitz 82
Koralpe 8, 84, 91, 94, 95
Krastal 23
Kreuzbergl 34
Landhaus 35
Landskron **72,** 108, *114*
Latschach 109
Launsdorf 105
Lavanttal 8, 22, 25, 29, **84ff.,** 88, 93, 94
Lavanttaler Höhenweg 94
Lendkanal 33, **35,** 50
Lesachtal 8, *54,* 56, 62, 63
Liebenfels 43, **47f.**
Lienz 98, 99, 110
Liesertal 75, 81
Lindwurm **36,** 38
Märchenwiese 59
Magdalensberg 22, 32, **40f.,** *41*
Mallnitz **109,** 110
Maltatal 75, 79, 106
Maria Luggau 62f.
Maria Saal 19, 32, **41,** 48
Maria Waitschach 47
Maria Wörth 51f.
Millstatt 18, 19, 75, **80f.**
Millstätter See 9, 15, 21, 75, 76, **80f.,** *81,* 102
Minimundus 30, 107
Mölltal 8, 19, 44, 74, 110
Mölltaler Gletscher 81
Molzbichl 78
Moosburg 52
Mostwanderweg 95
Napoleonwiese 66
Nassfeld 63f.
Nationalpark Hohe Tauern 9, 80
Nationalpark Nockberge 8, 9, 76, **81f.,** 98, 99, 105, 109

Nötsch 18, 56
Oberdrauburg 99, 103
Oberluggau 63
Obir-Tropfsteinhöhlen *86,* **87f.**
Ossiach 18, 19, 23, 28, 57, **72f.**
Ossiacher See 8, 21, 56, 71, **72f.,** 104
Petzen 12, 86
Plöckenpass 62
Pöckstein 46
Pörtschach 13, 39, 40, 50, **52,** 104, 105
Prebl 94
Pressegger See **61,** *106,* **108**
Raggaschlucht **82,** *83*
Rauschelesee 108
Reifnitz 15, 51, 52
Reißeck 82
Rosegg 99, 109
Rosental 29, 54, 55, 58, 59, 98, 99
Saag 52
St. Andrä im Lavanttal **94,** 95
St. Donat 43
St. Georgen am Längsee 18, **48,** 105
St. Hermagoras und Fortunat 61
St. Jakob 66
St. Kanzian 12, 90, 91
St. Lorenzen 63
St. Paul im Lavanttal 19, *84,* 85, **94f.,** *95*
St. Primus 109
St. Ulrich 95
St. Veit an der Glan 32, **42ff.**
Santa-Lucia-Hängebrücke 99
Saualpe 8, 84, 88, 94
Schareck 81
Schloss Elberstein 90
Schloss Möderndorf 62
Schloss Porcia 18, 19, **76f.**
Schloss Wolfsberg **92,** *93*
Seeboden 75, **82**
Seelach 90, 91
Seltenheim 104
Seltschach 70
Sillian 98
Sommeregg 82
Sonnblick 82f.
Spittal an der Drau 18, 19, 29, 74, 75, **76ff.,** 98, 99, 112
Stadthaus 33, 34
Stadtpfarrturm 36
Stadttheater 18, 33, **34f.,** *35,* 39
Stein im Jauntal 91
Stift Viktring 18, 19, **41**
Straßburg **48,** *49*
Tainach 26, 87
Tanzenberg 48
Techendorf *6,* 14, 28, 105
Trebesing 79, **109**
Treibach-Althofen 48f.
Tressdorfer Alm 27
Trixnertal 91

> *www.marcopolo.de/kaernten*

IMPRESSUM

Tschaukofall 60
Tscheppaschlucht 60
Turner See 86, **90f.**, 109
Turracher Höhe 83
Ulrichsberg 40
Unterburg 12, 90
Unterloibl 60
Vassach 66
Velden 13, 14, 15, 39, 40, 49, 50, 51, **52f.**, 90, 100, 101, 111, 112

Viktring 19, 40, **41**
Villach 10, 13, 14, 15, 18, 21, 22, 23, 27, 29, 54, 55, 56, **64ff.**, *67*, **98**, 99, 110, 112
Villacher Alpe 69f.
Völkermarkt 21, 23, 85, **86ff.**
Warmbad Villach 13, **108**
Weißensee 6, 14, 19, 21, 28, **64**, *96*, 98, 105
Weitensfeld 22, 29

Wildensteiner Wasserfall 60f.
Winklern 73
Wörthersee 9, 15, *16*, 17, 18, 21, 30, 33, 35, 37, 39, **49ff.**, *51*, 57, 59, 72, 92, 99, 100, 101, 107, *108*
Wörthersee-Mandl 36f.
Wolfsberg 29, **91ff.**
Zirmsee 83
Zwischenwässern 46

> SCHREIBEN SIE UNS!

Liebe Leserin, lieber Leser,

wir setzen alles daran, Ihnen möglichst aktuelle Informationen mit auf die Reise zu geben. Dennoch schleichen sich manchmal Fehler ein – trotz gründlicher Recherche unserer Autoren/innen. Sie haben sicherlich Verständnis, dass der Verlag dafür keine Haftung übernehmen kann.

Wir freuen uns aber, wenn Sie uns schreiben.

Senden Sie Ihre Post an die MARCO POLO Redaktion, MAIRDUMONT, Postfach 31 51, 73751 Ostfildern,
info@marcopolo.de

IMPRESSUM

Titelbild: Radfahrer (Getty Images: Stockbyte), Bach in den Nockbergen (Laif: Standl)
Fotos: O. Bolch (8/9, 74/75); Peter Cech (100 M. l.); Horst L. Ebner (126); © fotolia.com: Matthias Fährmann (100 o. l.), Wendy Meyers (13 o.); Getty Images: Stockbyte (1); Heinz Grötschnig (101 M. l.); Ferdinand Gruner (15 M.); Havana Bar: Johannes Bauer (101 u. r.); HB Verlag: Holz (2 l., 3 l., 4 l., 20, 37, 42, 45, 83, 90, 95, 108, 123), Kreder (16/17, 22/23, 23, 36, 46, 59, 65, 89); J. Holz (Klappe l., 3 M., 3 r., 11, 22, 29, 54/55, 71, 81, 86, 99, 102/103, 109); Huber: Huber (6/7, 49, 53), Kreder (30/31, 32, 51, 84/85), Schmid (Klappe r.); © iStockphoto.com: Michael Pettigrew (15 o.); Jauntal Bungy: Gerhard Grabner (100 M. r.); G. Jung (19, 27, 35, 38, 56, 67, 70, 76, 79, 93, 96/97, 104, 106/107); M. Kühn (Klappe M., 60); Laif: Celentano (68, 114/115), Standl (1); Mauritius: Cubolmages (28), Lindner (5), Pigneter (2 r.); Restaurant Aqua Velden (100 u. r.); Wolfgang Retter (14 o.); P. Santor (41); Schloss Velden/Capella Hotel (101 M. r.); W. Storto (73); Sportcenter Klopeiner See (12 u.); T. Stankiewicz (4 r., 24/25, 26, 28/29, 63); ((stereo)): (12 o.); uniklu: Maurer (13 u.); Sandro Vecellio (15 u.); Manuel Vinzek (14 u.); Wolfgang Winkler (101 o. l.)

8., aktualisierte Auflage 2009
© MAIRDUMONT GmbH & Co. KG, Ostfildern
Chefredaktion: Michaela Lienemann, Marion Zorn
Autor: Horst L. Ebner; Redaktion: Daniela Fois
Programmbetreuung: Jens Bey, Silwen Randebrock; Bildredaktion: Barbara Schmid, Gabriele Forst
Szene/24h: wunder media, München
Kartografie Reiseatlas: © MAIRDUMONT, Ostfildern
Innengestaltung: Zum goldenen Hirschen, Hamburg; Titel/S. 1–3: Factor Product, München
Das Werk einschließlich aller seiner Teile ist urheberrechtlich geschützt. Jede urheberrechtsrelevante Verwertung ist ohne Zustimmung des Verlages unzulässig und strafbar. Das gilt insbesondere für Vervielfältigungen, Übersetzungen, Nachahmungen, Mikroverfilmungen und die Einspeicherung und Verarbeitung in elektronischen Systemen.
Printed in Germany. Gedruckt auf 100% chlorfrei gebleichtem Papier

> UNSER AUTOR
Ein Interview mit MARCO POLO Insider Horst L. Ebner

Horst L. Ebner zog nach seinem Studium in Wien nach Klagenfurt. Er arbeitet für das ORF-Studio Kärnten vor allem im Kulturressort.

Wieso haben Sie Kärnten als Lebensmittelpunkt gewählt?

Ich lebe da, wo andere Urlaub machen. Die Vorzüge Kärntens liegen auf der Hand: großartige Natur, Lebensqualität im Übermaß, zwei Stunden Autofahrt ans Meer …

Was stört Sie an Kärnten?

Die Deutschtümelei, die von rechter politischer Seite immer wieder als Wahlkampfinstrument hervorgekramt wird. Diese engstirnige Geisteshaltung, auch gegenüber der slowenischen Volksgruppe im Land, steht im Gegensatz zu durchaus gelebter Weltoffenheit. Ein kärntentypisches Paradoxon

Was prädestiniert Sie als MARCO POLO Autor?

Ich hoffe, dass meine umfassende Kenntnis des Landes sich in diesem Band niederschlägt. Es geht ja nicht nur darum, die wichtigsten Wahrzeichen wie Hochosterwitz oder Heiligenblut vorzustellen. Durch meinen Job bin ich ja in allen Tälern und auch den hintersten Winkeln des Landes unterwegs. Deshalb kann ich nur jedem, der ein wenig abenteuerlustig ist, raten, die touristischen Trampelpfade zu verlassen und sich auf das Kärnten hinter der Prospektidylle einzulassen. Auch das ist erlebenswert.

Wo leben Sie in Kärnten?

Ich wohne seit einigen Jahren in Klagenfurt-Viktring. Eine recht ruhige Gegend im Südwesten der Landeshauptstadt. Mit dem Auto ist man in 10 Minuten im Stadtzentrum, mit dem Bike in 5 Minuten im Wald oder in 15 Minuten am See. Klingt irgendwie privilegiert, oder?

Was machen Sie in Ihrer Freizeit?

An einem freien Tag finden Sie mich wahrscheinlich bis über die Hüften in einem Bach stehend und die Fliegenrute schwingend. Also ich fische, sowohl mit der Fliege wie auch mit üblichen Angeln an diversen Seen. Und ich fotografiere und reise. Ich bin gerade aus Nordvietnam zurückgekehrt. China, Tibet, Nepal, Australien und die Sahara waren auch schon Ziele.

Mögen Sie die Kärntner Küche?

Jeder Kärntner liebt die Kasnudel. Allerdings diejenige, mit der man aufgewachsen ist. Heißt übersetzt: die Kasnudel von Muttern. In den letzten Jahren hat sich in Kärnten glücklicherweise auch die Fischküche deutlich verbessert. Wenn der richtige Koch fangfrische Fische aus Flüssen und Seen in die Hände bekommt, dann greife ich gerne zu.

10 € GUTSCHEIN
für Ihr persönliches Fotobuch*!

Gilt aus rechtlichen Gründen nur bei Kauf des Reiseführers in Deutschland und Schweiz

SO GEHT'S: Einfach auf www.marcopolo.de/fotoservice/gutschein gehen, Wunsch-Fotobuch mit den eigenen Bildern gestalten, Bestellung abschicken und dabei Ihren Gutschein mit persönlichem Code einlösen.

Ihr persönlicher Gutschein-Code: mpjzknau5h

Zum Beispiel das MARCO POLO FUN A5 Fotobuch für 7,49 €.

* Dies ist ein spezielles Angebot der fotokasten GmbH. Der Gutschein ist einmal pro Haushalt/Person einlösbar. Dieser Gutschein gilt nicht in Verbindung mit weiteren Gutscheinaktionen. Eine Barauszahlung ist nicht möglich. Gültig bis 31.12.2013. Der Gutschein kann auf www.marcopolo.de/fotoservice/gutschein auf alle Fotobuch-Angebote und Versandkosten (Deutschland 4,95 €, Schweiz 9,95 €) der fotokasten GmbH angerechnet werden. powered by fotokasten

www.marcopolo.de/fotoservice/gutschein

> BLOSS NICHT!

Worauf Sie achten sollten, um sich die Ferien nicht zu vermiesen

Unvorsichtig mit dem Auto am Berg

Bergstraßen können für nicht routinierte Fahrer zum Problem werden. Auf steil abfallenden Straßen immer den niedrigstmöglichen Gang einlegen! Die Bremsen werden schneller heiß, als Sie denken. Bedenken Sie stets, dass auf engen, steilen Straßen das bergauf fahrende Auto Vorfahrt hat.

Sorglose Bergwanderungen

Unzählige Male muss alljährlich die Bergrettung ausrücken, um unbedarfte Touristen aus Bergnot zu befreien. Schuld daran ist meistens die mangelhafte Ausrüstung der ungeübten Bergwanderer. Sollten Sie einen Ausflug ins Gebirge unternehmen, so halten Sie sich an fünf Grundsätze: Ziehen Sie entsprechendes Schuhwerk und wetterfeste Kleidung an, hören Sie auf den Rat der Einheimischen, teilen Sie Ihre Wanderroute dem Hüttenwirt oder Hotelier mit, überschätzen Sie nie Ihre Fähigkeiten, und verlassen Sie nie die markierten Wege!

Mit dem Auto in die Stadt

Fahren Sie – vor allem bei schlechtem Wetter – nicht mit dem eigenen Auto in die Städte. Besonders in Klagenfurt bricht bei Regen ein furchtbares Verkehrschaos aus. Benutzen Sie öffentliche Verkehrsmittel! Das spart Zeit und Nerven.

Schwammerljagd

Alle Jahre wieder kommt es zu unschönen Auseinandersetzungen zwischen Waldbesitzern und Urlaubern, weil Letztere zu ehrgeizig auf Pilzsuche gehen. Erlaubt ist das Sammeln von maximal 2 kg pro Kopf – und das auch nur für den Eigenbedarf, sonst drohen hohe Geldstrafen. Außerdem ist das Sammeln von Pilzen auf die Zeit von 15. Juni bis 30. September beschränkt.

Ungeduldig werden

Seien Sie versichert: Ihre Kärntner Gastgeber tun alles, um Ihnen den Aufenthalt im Land so angenehm wie möglich zu gestalten. Sollte einmal das Essen nicht sofort auf dem Tisch stehen, werden Sie nicht ungeduldig. Immerhin befinden Sie sich im Urlaub im Süden. Mit Meckern erreicht man ja auch im Norden nichts.

Durch Heuwiesen stapfen

Ein Sakrileg ist es, durch eine hoch bewachsene Wiese einfach durchzustapfen. Bauern, die dort ihre Heuernte einbringen, reagieren sehr ungehalten, wenn das Gras für ihre Rinder niedergetreten wird. Das Gleiche gilt selbstverständlich für Kornfelder und andere landwirtschaftliche Nutzflächen. Auch sollte man darauf verzichten, lautstark auf sich aufmerksam zu machen. Durch ruhiges Verhalten erhöht sich die Chance, Wildtieren in freier Wildbahn zu begegnen.